不焦虑父母俱乐部

郝景芳

——

著

浙江文艺出版社

果麦文化 出品

前言

你对生活中多少问题感到焦虑？

很多人都讲过带娃的焦虑，而我这本书叫《不焦虑父母俱乐部》。

首先需要问一句：什么是焦虑呢？

我听过一个最好的说法——**恐惧是对已知的危险感受到的一种情绪，而焦虑是对未知的危险感受到的一种情绪。**

或者可以说，**焦虑是对那些根本没发生的事情，感受到的恐惧。**

那为什么我们会对根本还没有发生的事情，或者说还没有到来的危险感觉到恐惧呢？这里面就有很多种可能性，以及很多心理机制了。

焦虑的人各有各的焦虑。我在这里不能穷尽所有情况，只用一个假想的咨询室和几个生活中假想的人物、常见的小事例，来描述一下焦虑者的普遍特征。

第一，焦虑者充满想象力。

我们假想一对父母，张先生和张太太，对孩子的前途充满忧虑，经常会想象孩子的未来。比如，他们看到孩子现在非常粗心，就想象孩子将来因为粗心，最重要的高考失败；或是将来在工作里面，因为粗心把一件事情搞砸了，结果被领导怪罪，丢了工作。

他们觉得自己的孩子现在不认真，将来一定成绩不好，在班里受到排挤，老师不喜欢他，这样他会自信心崩溃，未来就一事无成。

对于还没有发生的事情，尤其是对于孩子的前途，直接就会想象其中最大的风险，想象他因为一点点小事就一事无成，因为担忧而吼孩子——这就是焦虑。

第二，焦虑者很容易注意到负面情况。

我们假想一位妈妈，劳拉，来找心理师提问的时候，说她的孩子有这样那样的缺点，心理师问她："你是从哪些地方观察到这些缺点的？"

她就描述了生活中的很多事件，说："虽然周围的人都觉得他是一个又聪明又礼貌的孩子，但我还是觉得他抗挫折能力太差了，这让我忧心忡忡。"

令人奇怪的是，劳拉也能说得出自己家孩子又聪明又可爱，各种地方都能够拎得清大局,但还是忍不住关注孩子小的弱点。她能够在老师给自己的反馈中,在很长的一段话里面,敏锐地把那一个缺点揪出来,然后觉得"哎呀,我家孩子肯定特别不受老师待见",于是担忧迅速袭上心头。

第三,焦虑者容易陷入记忆无法释怀。

我们假想一位妈妈,李女士,经常回忆自己小时候或者孩子小时候发生了什么事,自己有一点失误,她忍不住会想,会不会就是这件事将要导致无法挽回的负面结果呢?她对于自己之前没有做到的地方觉得特别过意不去,于是不断地想要去找补。

比如:"哎呀,孩子三岁前我没有做好英语启蒙,这会不会让孩子一辈子英语都落后于别人呢?我真是太内疚了,现在还来得及,每天都必须让孩子读英语!"

当孩子不太愿意配合李女士去读英语的时候,她会非常非常执拗,强迫他每天必须得按照她的计划去走,孩子一不遵守,她就情绪崩溃。其实她也知道更平和的心态可能效果更好,但她还是容易崩溃。实际上,她填补的是她内心中的那个愧疚的小坑,填补的是感觉自己在孩子三岁前没有做到位的那个坑。因为内疚,所以执拗。

第四,焦虑者总是难以满足爱的需求。

焦虑者经常会希望他人爱自己,但总是觉得心里被爱的这个需求填不满。在孩子和父母之间,也有可能存在这样的关系,尤其是当孩子长大了需要离开父母的时候。

我们假想一位妈妈，赵阿姨，有一种自己都没意识到的焦虑：她觉得孩子正常的成长和独立是要抛弃自己，会觉得"孩子长大了，不爱我了，他要否定我，以后都不会再关怀我了"。

这种恐慌、这种对于爱的无限制的需求，使得赵阿姨无意中想要把孩子留在自己的身边，甚至想要重复那些孩子在儿时对父母非常需要的时光。

于是，哪怕孩子已经三十来岁，她都还在充满焦虑地干预孩子的生活。所谓"没有麻烦，制造麻烦也要硬上"——孩子上大学，觉得"我必须辅导你大学的学习"，所以要去干预；孩子找女朋友，觉得他肯定不懂如何去找，一定会被骗，所以要去干预；孩子工作，会觉得"这个工作不好，你看你这么不会搞人际关系……"，所以要去干预。

究其根本，是父母本身没有做好孩子和自己分离的准备。在孩子真正成为一个独立的人，和父母分离以后，父母没有一个很踏实、很舒服、很安全的状态来进行自己接下来的生活，而是心里一直焦虑不踏实，有了被抛弃感，所以就不断去干预孩子的生活。

第五，焦虑的齿轮容易启动。

我们假想一位爸爸，王先生，是一个容易焦虑的人，平时听到别人讲一番道理，一下子平静下来了。但是，遇到其他的一些小事儿就特别容易再次启动，比如说跟其他人一起出去，跟别人一比:"哎呀,自己家孩子怎么差这么多?"于是立刻开始焦虑了。

王先生目睹了一件与自己无关的事情,比如说在某某学校有一个什么类型的孩子,一下子会想到"坏了,那我的教育方法会不会也让我的孩子这样呢";或者,在听到别人议论"哎,有一人怎样怎样……",就会想到:"这是不是在含沙射影地讲我呀?"

这种焦虑的齿轮如果在生活中随时都会启动,那么一个人是很难在生活里面整体保持一种放松状态的。焦虑的齿轮一旦启动了,也是不太容易停下来的。

第六,焦虑者常常追求完美。

我们假想这样一位年轻妈妈,小蓝,她有一份很不错的工作,在一家处于上升期的大公司,时不时加班;她有一个小孩,刚刚两岁半。她很犹豫到底要在工作上投入多少,她很希望成为事业家庭两不误的那种"光鲜妈妈",但是多次陷入沮丧:回家太晚孩子已经睡了,家里人指责,跟家里人吵架,她自己也内疚得要命;但其实在工作上,她已经比其他同事减少了工作量,成就不如人家,这样就很难成为她渴望成为的舞台中央的人。

她读了很多育儿文章,下定决心要成为一个新时代母亲,独立睿智,方法科学。但她不知道,怎样才能成为一个这样的妈妈。她在工作的时候内疚于没有好好陪伴孩子,难以专心工作;而陪伴孩子的时候又内疚于没有好好工作,以至于充满焦虑,难以好好陪伴。

小蓝心里更深层的疑虑是:"我可否成为理想自我?"理想与现实的差距是焦虑的来源。

所有这些,都是我们常见的焦虑。

如果我们说"别焦虑了",焦虑者会有什么反应呢?

张先生和张太太说:"我们也不想焦虑,只是孩子的未来让人担忧啊。"

劳拉会说:"我也不想焦虑,只是孩子的缺点我不能视而不见啊。"

李女士会说:"我也不想焦虑,只是之前那件事我真的担心有影响。"

赵阿姨会说:"我也不想焦虑,可是我家孩子他就是不够独立啊。"

王先生会说:"我也不想焦虑,但别人都这么卷,不焦虑不行啊。"

小蓝会说:"我也不想焦虑,但人怎么能放弃对理想自我的追求呢?"

每个焦虑者,都有不得不焦虑的理由,但经常性的焦虑作为一种长期的心理压力,对生活和自我的精神状态都会造成很大磨损。

焦虑,有积极的一面,例如让人保持警醒和拼搏精神,但焦虑也常常给生活造成困扰，让人精神紧张、容易崩溃，在不必要的时候有太多内耗。

焦虑的反面就是放心：自己挺好的，自己的生活挺好的，自己的孩子也挺好的。在自己平时没有太关注的那些角落，其实事情都好好地在运行，不会因为自己少了一点点关注，这个世界就崩塌了。焦虑是对生活的不安全感，焦虑的反面是对生活的安全感。

为了缓解焦虑，我们能怎么做呢？我们可以有三个基本信念：

第一，因为理解，所以不焦虑。

焦虑是对未知危险的恐惧，感觉生活里迷雾重重，不得不担忧。因此，最好的化解焦虑的方式，并不是简单说一句"不要焦虑了"，而是看懂"未知"，让迷雾消散。有很多未知来源于一个人对自己的内心不理解，对孩子的内心和成长规律不理解，一旦理解，就会发现，很多自己担忧的事情都是很正常的事，不需要太担心。

事实上，孩子的很多问题和毛病，都像是皮肤磕破了、擦伤了留下的疤，是可以修复自愈的。孩子自身的成长力量会修复很多疤，理解了这一点，就不容易为小事挂怀。

第二，你可以接纳自己，相信孩子。

很多人的焦虑，源于心里还有恐慌，不能接受拿掉"理想自我"之后的生活状态。这时候我们才发现,最让人焦虑的,往往是接受现实。

这时候,一个人需要和自己说"没关系"。不是"没关系,你永远是最优秀的",而是"成不了理想自我,也没关系"。当一个人全然接受了现实的自己,那就相当于给一切事情一个安全的底线:就像现在这样,没关系。从此之后,无所畏惧。

然后,你会发现做什么事都是轻盈的,你仍然可以去努力、去尝试、去追求,但你不再恐慌了,也不再较劲。一个人接纳了自己,也就容易接纳真实的孩子,不再试图改造孩子,而是相信孩子是好的,未来也能靠他自己活得很好。而这会成为自我实现的信念。

第三,60 分妈妈,就是好妈妈。

英国心理学家温尼科特曾经提出过一个观点:"不需要做 100 分的完美妈妈,做一个 Good Enough Mother 就好了。"这个 Good Enough,可以翻译成"差不多好妈妈",也就是说,不需要追求面面俱到,达到 60 分,就是足够的好妈妈。为什么这样?原因是,一个"理想好妈妈"太容易迷恋于自我的完美,从而让孩子得不到真正的成长。孩子的成长必然伴随着独立,而"理想好妈妈"是一个为孩子做好了所有事的妈妈,会让孩子一辈子得不到独立。

更为重要的是,"理想好妈妈"会下意识把孩子当作自己的成绩单。于是,心里越是有"理想好妈妈=理想好孩子"公式,越是不允许孩子失败。这样的人生想象往往导向偏执。只有把自己的人生和孩子的人生看作是独立的,并接纳不完美的现实,才能给孩子松绑,也给自己松绑。

放下焦虑,就是让人学会看懂过去,活在当下,接纳自我,相信未来。

这是一本领读心理学著作的书。我们会从生活中常见的问题入手,就每个问题为大家介绍一本经典的心理学书籍,通过对专业书籍深入浅出的介绍和拆解,希望大家将自己的心和孩子的心都看得更清晰一些,从而驱散令人恐惧担忧的生活的迷雾,让我们的育儿生活平静从容,如在山谷中看到清澈的蓝天与溪流。

我们希望能让大家成为能面对和应对所有问题的成熟的人。只有这样成熟的人才能把焦虑的压力升华为自己生活中的积极力量。

感谢童行书院不焦虑父母俱乐部的教研顾问、心理咨询师税晓霖,感谢该俱乐部的李志花、黄镜、谷晓燕帮我进行稿件梳理,感谢编辑团队的专业意见和大力支持,愿我们在育儿的路上总能一起前行。

目录

chapter 01 缓解焦虑

- 陪孩子写作业控制不好情绪怎么办? — 002
- 为什么越讲道理,孩子越不听? — 009
- 没时间陪孩子怎么办? — 017
- 孩子爱玩游戏影响学习怎么办? — 024
- 孩子有了坏习惯怎么办? — 031

chapter 02 智力促进

- 影响孩子的智力因素有哪些? — 040
- 如何给孩子进行有效的智力启蒙? — 048
- 孩子不爱学习怎么办? — 055
- 如何让孩子学好一门语言? — 062
- 怎样给孩子进行数学启蒙? — 069

chapter 03 性格养成

- 慈母和虎妈模式究竟哪个对孩子最好? 078
- 怎么让孩子有好的人际关系? 086
- 熊孩子犯错了,究竟能不能打呢? 093
- 如何培养孩子的抗挫折能力? 101
- 孩子没有规矩怎么办? 108

chapter 04 心理探究

- 为什么带小孩特别容易让父母情绪失控? 118
- 为什么孩子常常情绪失控? 126
- 如何化解孩子的负面情绪? 134
- 孩子不愿意和父母沟通怎么办? 142
- 如何与孩子进行非语言沟通? 149

chapter 05 教育方法

- 该让孩子上公立学校还是国际学校? 158
- 如何培养"学霸型"孩子? 167
- 怎样培养孩子的自信心? 175
- 如何激发孩子的自驱力? 181
- 怎样培养孩子独立判断和思考的能力? 189

chapter

01

缓解焦虑

陪孩子写作业
控制不好情绪怎么办？

我们是否经常面临这样一种情形：父母陪孩子写作业的过程中，希望他能够又快又好地完成，但是孩子总是拖拉磨蹭、边写边玩，然后时间就消磨过去，作业还没做完。父母刚开始还循循善诱，尽可能地讲道理，非常非常耐心，到后面开始威逼利诱，最后耐心耗尽，情绪失控，孩子也可能因此崩溃大哭，最后作业还是没做完……

这样的情形其实经常会出现，只不过最后的表现形式可能每个家庭都不太一样。那么陪孩子写作业控制不好情绪到底应该怎么办呢？

这里我不会直接告诉大家解决方案，实际上也不可能有一个统一的解决方案。**解决方案一定是出现在理解之后，如果我们并不能够理解一件事情，那么是没有解决方案的。**实际上孩子不愿意写作业这个问题背后有非常多层次,我们从一个最小的点——"孩子的自控力"切入,尝试理解孩子、理解自我。

凯莉·麦格尼格尔的《自控力》是斯坦福大学最受欢迎的心理学课程。书中详细讲述了自控力的神经学原理。那什么是自控力呢?自控力就是一个人的大脑产生出的一种理智,它会抑制你的很多冲动,也会推动你去做一些你可能不那么想做的事情。

简单来说,自控力就是用你的意志力去告诉自己做那些你应该做的事。我从《自控力》一书中概括出了自控力的三个原则。

自控的第一个原则:自控必须先有"自"再有"控"。

自控力的发展首先需要自我意识,这也是《自控力》一书里写得非常清晰的原则。自控是大脑内部的操作,孩子需要自己的大脑说:我想学,我要学,我现在应该学。然后用这样的意识去控制自己大脑中的其他部分。但是如果孩子大脑的自我意识和自我感知并没有得到充分锻炼,他就没有体验到"自我",也就达不到"自控"的状态。

父母的关注点如果只是在结果上,比如说必须在8点半写完作业,或者必须把房间打扫干净,那么父母可能会为了达到这个结果,保持高度控制孩子的状态,可是这种状态持续得久了,其实并不利于让孩子产生强烈的自我意识,更不利于孩子发展自控力。

自控的第二个原则：自控和压力是死敌。

一个人在压力状态下是难以自控的，压力状态会激发一个人的应激反应，大脑也随之进入一种无法思考的状态。同时压力会使一个人身心俱疲，就更加没办法进行一些有困难的需要自控的事情。真正的自控是要在身心平静、没有压力的状态下，大脑进入一个非常良好的能量状态，把这样的能量聚焦，再去完成那些需要自控完成的任务。所以当父母用高压去压迫孩子的时候，反而激发了孩子的负面情绪和抵抗的应激反应。这种情况下，孩子反而没有办法进入真正的自控状态。

自控的第三个原则：自控会有限度，需要放松和休息。

这是经常会被忽略的一个原则。自控力就像肌肉一样有极限，精神高度集中的自控状态真的会让人非常疲惫，尤其是自己不那么喜欢的事情，需要花掉整个身体的能量让自己集中精力去做。

孩子的前额叶还不是很发达，很难长时间聚焦到一件事情，自控一会儿就会很累了。这种情况下，如果我们想让他们做的是有困难或者枯燥的，抑或不喜欢的事情，他们做了一会儿就坚持不下去是非常正常的。如果我们在他们觉得有困难的情况下，一直逼他们去做，那到最后很可能是他们自控力枯竭、情绪崩溃，导致我们也情绪崩溃。

自控有一个由短到长的过程，而且需要大量的能量补给。书中建议的是吃一块巧克力或者吃点甜食，给自己的自控加分。但我认为对于孩子来说，更好的能量补给就是给予他们一定的游戏时间，让他们进入自由自在的放松状态，这个对于他们来说就是一个充电的过程。等孩子的身体能量恢复到一个非常轻松、平静的状态，再让他们去集中精神写作业，反而会达到更好的效果。

所以我们要给孩子一个从放松到自控的调节过程。对于任何人来说，做一件困难的、不熟悉的事情，都需要大量的意志力参与，但如果这件事情进入一个轻松的、自动化的过程，就不再需要自控力了。这也是一个由慢到快、由少到多的过程。就像骑自行车，在学会之前需要集中注意力才能不摔倒，而一旦学会了就变得很轻松，头脑中即使想着很多别的事情，你也不会摔倒。

了解了自控力的三个原则，我们再来看最开始说的陪写作业，导致情绪崩溃的这个情境，我们能从中得到什么样的启示呢？

一个很重要的启示就是：我们之所以很多时候会情绪失控，也是因为我们给了自己很大的压力。 我们给了自己非常非常紧绷的作息表，让自己非常非常疲惫。过于紧张的生活、对于结果的过度关注都有可能使我们失控。因此，我们理解体谅孩子的同时，也要觉察和理解自己。跟孩子在一起的时候你可能只需在意其中一小部分事情，更多的时间可以让自己放松下来去感受，把注意力焦点放到如何让孩子达到好的精神状态上，而不是需要达到一个怎样的结果。在这种情况下，我们才能够放松身心，在必要的时候达到合理的自控。

有一次，晴晴拒绝每天的写字和口算作业。她躺在地上说不写了，我说你应该想想办法克服枯燥和困难，她说办法就是不做了。我说："难道你不想成为一个更加优秀的人了吗？"她说不想了。我说："你忘记之前设置的奖学金了吗？"她说不要了。我说："如果你跟着妈妈不写作业，之后妈妈就不带你写了。"她瞬间就哭了，但不是后悔了，而是委屈了，越哭越拒绝写。我忽然意识到自己也用了威胁的方式，威胁要抛弃她，这是最糟糕的方式。

看着她哭，我也很难过。晴晴写作业遭遇挫败，我劝她写作业也很挫败。直到某一天下午，我跟她说："要不然这样吧，你写一个字，我帮你写一个字。"就是这句话，像是突然打破了某种坚冰。

晴晴开始写，但在纸上写的时候故意写错了，我笑着说写错了就必须改对，再罚一个，我才替她写。她忽然像是找到了好玩的游戏，先把前面一个字改对了，又写了一个更错的，然后给我看。后面她的乐趣就在于写出100个不同的错字，然后每改对一个字，就要想出一个更离谱的错字。她享受让我惊奇的瞬间，我越表现出惊讶，她越哈哈大笑。就这样，她写完了当天写字任务的80%。我们也度过了一段愉快的亲子时光。

有关父母自控这个话题,我注意到有很多父母都提到:跟孩子在一起很希望自己是一个好脾气的人,能够控制脾气的人。但是他们也提到,自己经常有控制不住脾气,爆发的时候。这种情况下,我们需要问的并不是为什么跟孩子在一起的时候不能始终控制住脾气,而是:为什么跟孩子在一起的时候,我们需要很强的自我控制,而不是一个很放松的状态呢?

这里我想提醒父母的就是:**"应该"和"想要"的力量是不一样的。**

"应该"和"想要"给人的心理压力不一样。"应该"是一种强加的、外界给你的任务,所以一个人很容易对此产生抵触感。而"想要"是一个人发自内心地觉得这件事我很想做,这件事就是我要的,这件事使我感觉到开心快乐。它们给人的心理感受是不一样的。前者可能要求一个人花上很多的意志力、自控力逼迫自己去干,而后者就是可以简简单单、自然快乐地去干的。

日常亲子陪伴中,我们真的很想做好,真的很想成为那个又耐心又睿智又懂得引导孩子的家长。可就是这样一种"应该如此"的想法,当我们感受到自己脾气失控的时候,会让我们感觉更加糟糕,也给我们带来巨大的压力。所以我希望父母们试着转变一下心态,把自己和孩子相处的最大目标变为:享受和孩子在一起的时光。

有时候,我们最强的动力并不是我们所想的那样,也不是我们觉得"应该是"的那样。如果你正在试图通过改变行为来取悦别人，或是成为更好的自己，看看是否还有其他"我想要"的力量能让你坚持下去。

而对于孩子的自控而言，循序渐进非常重要。有时候父母可能希望孩子一上来就能够写半个小时的作业，或者一上来就能够学习一个新的技能。但是这可能超出了孩子自控力所能达到的范围。这种情况下怎么办呢？父母是应该逼孩子完成呢，还是放弃这样的目标呢？

其实都不是。我们让孩子做大量他觉得轻松、简单、愉快的事，每次只做非常少的一点需要他用意志力的事情。比如先让他写5分钟的作业，或者是先让他做一件步骤简单的小事情，直到他把做这事情变得轻松自如，我们再给他往上加一点点难度。他每次都只需要运用一点点的意志力就可以到达一个新的小小里程碑。这种情况下，孩子就不会因为所需要的自控力超出了他的能力范围，畏难而失去动力。

这也使我们意识到，我们的所有辅导其实都应该跟随孩子的年龄一起成长。在孩子小的时候，我们可以给他一点点启蒙、一点点教育，但是一定要适合他当前的注意力、忍耐力、理解力，跟随他的认知发展水平。如果我们的教育跟随孩子的认知能力发展，就会发现这其实并不是一件很难的事情，孩子成长的同时也会觉得轻松愉快。

为什么越讲道理，
孩子越不听？

孩子在做自己不喜欢的一些学习任务时，父母好说歹说都不管用，孩子或者抗拒或者拖延，就是做不好，最后父母非常崩溃地吼孩子，孩子也崩溃。这样的场景我们到底该如何化解呢？

很多时候父母觉得孩子非常抗拒学习，想要给孩子讲道理，但是越讲道理越不好用。这又是因为什么呢？

我经常会反问父母一个问题：你知道孩子是怎么想的吗？孩子对这个问题怎么看呀？十次有九次父母说："我好像还真不知道孩子是怎么想的，我还真没问过他……今天晚上我回去问问！"

有时我们只是看到了自己描述的现象，根据自己的内心声音在做判断，很容易忘记去听或者是去想孩子的内心声音是怎样的，孩子有什么样的想法、什么样的情绪没有表达出来。

家长容易忽略孩子也有自己的内心声音,曾奇峰老师的《你不知道的自己》一书中有关家庭和学生的咨询案例反映了这一点。曾奇峰老师是国内我最喜欢的心理学家之一,他是非常著名的精神分析咨询师,在一所很大的医院工作,接触过非常多的咨询案例,其中不乏家长和学生的案例。

什么是内心声音呢?在生活里,我们可能都有过这样的经历:会听见自己心里有很多种声音在说话,有的是我们自己的想法、自己的声音,有的是别人的想法、别人的声音。有时这些声音给我们梳理思路,但有时这些声音会在我们心里打架,我们自己也会对某个声音产生回应或抵抗。

按精神分析的最基本理论,一个人的"本我"是他本能冲动的部分,以追求快乐为基本原则,而"超我"可以理解为道德、规范以及一个人心中的理想模范。比如一个孩子饿了,看到橱窗里的蛋糕就想拿过来吃,这是本我。超我说"不可以,这是小偷行为"。所以本我和超我一定会发生矛盾,"自我"就是用来调节这个矛盾的。此时,自我站出来,阻止孩子立刻拿蛋糕的冲动,而是去找爸爸妈妈拿钱来买。有了自我的介入,本我可以被满足,同时又不违背社会规范,但是需要等待和忍耐。

大概从四五岁开始,孩子会意识到自己心里是有声音的,会有自己闷在心里的话不说出来,变成"心语",也会在心里听见父母的声音。随着年龄增长,孩子的内心声音以及对内心声音的觉察能力也会越来越强。

我们平时都知道，如果能心无旁骛地做一件事，效率会非常高，而且往往能取得比较好的结果。相反，如果用了大量时间、精力去和心里的一些声音搏斗，那么注意力必然是分散的，精神必然是疲惫的，效果肯定也是不好的。所以孩子的内心声音是我们在教育孩子的过程中不可忽视的部分。

父母看到孩子表现出一个问题行为，认为亟需干预。但在孩子眼中是不是把它看成一个问题呢？他自己对此是怎么看的呢？

如果不去听孩子的内心声音，我们经常会看到孩子身上的一些问题，觉得这是孩子的毛病、缺陷，需要加以修正和填补，需要寻找一个解决方案。但是如果我们听到孩子的内心声音，我们会发现所谓的"问题"不是毛病，只是表象，事实是孩子遇到了一些困难。如果我们把孩子真正遇到的困难识别出来，帮助他解决，可能这个现象会发生彻底的改变。

这种情况更提醒我们要在意孩子的内心声音。我们起码可以提醒自己，教导不是说得越多越好，相反，话说得太多会给孩子带来负面的影响。

可能很多人想问：我们就不应该给孩子讲道理吗？不应该多引导孩子吗？只需要静待花开吗？

当然也不是这么绝对。父母给孩子的引导和讲的道理，也是孩子成长过程中所必需的营养。这就需要我们有更多的自我反思：在生活里，有哪些声音是对我们有助益的？哪些声音对我们是有干扰作用的？什么样的外部声音是对孩子有助益的，能让他身心健康发展？什么样的外部声音会变成孩子的负担？

可能孩子心里经常会萦绕着很多种声音，有来自老师的、同学的、家长的。有些时候恰恰是一些负面声音，例如批评的、贬低的、施压的声音，在孩子心中萦绕的时间最长，令他久久不忘。

而孩子并没有很强的能力去处理这些声音，这些声音会变成孩子心中的噪声，阻碍他们在生活中把事情做好。生活中的事情做得越不好，孩子内心中的声音就越乱，从而进入恶性循环。父母至少有一个职责——尽量避免孩子陷入这种被内心噪声所扰乱的恶性循环里面。

我曾经和一个朋友合作。在工作中，我比较主张做一些创新的事情，主张去大胆探索新的路径；而朋友的行为习惯是去研究其他团队和优秀的人是怎么做的，把套路研究明白之后，按照别人的套路去做。

分歧出现后，我会给朋友分析，朋友在逻辑上接受我的建议，但是当真正做的时候，她还是强烈希望我们保守一些，能够遵从其他公司的路径。

这样一种行为模式是怎么来的呢？朋友认为自己不够优秀，

达不到我定的目标，而这种情况如果发生，她自己会非常难以接受。

实际上我朋友非常优秀，成绩是某著名大学计算机系的第一名，并因此被保送到北大读研。她在学校里面也参加了非常多的社团，获过很多奖，工作履历也很出色。即便如此，她仍然认为自己不可能成功地做一件创新的事情，因为预设的失败结果，让她完全无法接受。

后来她在自我的追溯中，发现母亲从小就对自己比较苛刻，因此她总是觉得不能够达到母亲的要求，心里会有一个声音："我不够好，我要去看其他人到底是怎么做的，我要去努力地弥补！"因此在做一件完全创新的事情时，是不敢相信自己的。

由此可见，一个人在童年受到的来自父母的一些苛刻要求与评价，会在他心里留下痕迹，一直到成年之后都无法摆脱。

当我们去认知自己的压力、目标、感受、观念，以及自己心里听到的他人的声音时，也就更容易代入到孩子的视角去想一想孩子是如何感受的，在听到这些声音的时候，孩子会做出什么样的反应。很多时候人都是推己及人的，能有更多自我感知，也就能够更多地理解孩子。

首先我们回忆一下，哪些声音在自己心里是非常积极的声音，能够让自己挺过困难，让自己有勇气积极面对问题，让自己在遇到了糟糕的事情时能够平复下来。

我们都会发现是理解的声音、信任的声音。

在我们自己做错事的时候,听到更多的批评、指责、对比的时候,我们不会有好的感觉,也没有办法鼓起勇气,我们真正想听到的是那些积极和理解的声音。

但是在孩子做错事的时候,我们却经常忙不迭地说:"你看这件事你做得多错!我做得多对!""你看看,你是不是辜负了我?你对得起我为你花的心血吗?""你看看别人做事做得多好!""你看看,这么简单的事你都做不好!""你看看你这件事做不好,会有多严重的后果!你看看……"

我们在跟孩子讲话的时候,会不自觉地去讲这些负面的让孩子感受更加不好的话,虽然本意并不是让这些话萦绕在孩子心里,但事实却是,这些话给孩子的为人处世带来了更大的干扰。

所以觉察自己的内心声音会更容易让我们去想一想,孩子需要的是怎样的声音,孩子听到怎样的声音更容易把事情做好。

还有一点,孩子内心其实并不一定非要充斥着很多的表扬和鼓励。

很多时候,当一个孩子内心安安静静没有那么多声音,不管是表扬还是批评的声音,他的内心越安静,越专注于手底下做的事情,就会做得越好。

比如画画,孩子既不用想这件事做完了我能得到什么表扬,也不用想如果没做好我会遭到什么批评。孩子不去想画画以外的事情，只想我要画的这个八爪鱼到底怎样才能更加有趣，八爪鱼背后用什么颜色会更好看。

我们会发现，如果孩子能够真正专心地想自己手底下的事情，会做得更好。

如果我们能让孩子做数学的时候想的是数学，做语文的时候想的是语文，其实孩子是很容易投入的，没有内心声音的干扰，孩子反而可以更加高效。

明白了这一点，想让孩子学一样东西的时候，我们要怎样引导呢？

我们可以少强调外部的影响，即做这件事情会带来什么样的外部结果，比如做好会得一个大奖，做不好有惩罚。

我们可以更多地让孩子关注事情本身，比如一起读绘本，不管是中文还是英文，我们与其说："老师规定了每天必须读几本绘本，必须打卡，你要是不完成，老师会责罚你！"还不如跟孩子一起看看绘本里的角色多么可爱，主角到底是小兔子还是巫师，故事到底讲了些什么。

这样做，孩子会更容易进入事物内部，他会更专注于事物本身。没有外界的那些杂音，他反而会更开心、更快乐，做得更好，这也是童行书院一贯的理念。

如果我们发现孩子在这样安静自由的环境里发展得很好，那以后都可以用宽松安静、没有唠叨的氛围来支持孩子。

其实孩子的自我认知和自我意识是在不断增强的，父母在这个过程当中逐步给孩子更多自由空间，孩子有可能会发展得更加良好。

最后总结一下：父母给孩子讲道理，孩子为什么听不进去？很可能的原因是：父母的唠叨太多了，成了孩子心里的噪声和杂音，反而影响了孩子做事的专注度。我们给孩子更多安静的空间，以及鼓励与理解，往往效果会更好。

没时间陪孩子怎么办？

大多数身为现代女性的职场妈妈都希望自己成为事业家庭两不误的那种光鲜妈妈，可常常被现实啪啪打脸。为了能够在职场中更好地立足，我们选择牺牲掉很多陪伴孩子的时间。在工作和陪孩子的时间天平上，我们感性上期望陪伴孩子多一点，可理性上更多地选择了工作。因此我们也会在孩子的成长方面产生很强的自责和内疚情绪。

你是否也曾陷入过类似的纠结，有过类似的自责？在工作的时候内疚于没有好好陪伴孩子，难以专心工作；在陪伴孩子的时候又内疚于没有好好工作，以至于充满焦虑，难以静下心来陪伴孩子。

这样期望两厢兼顾，最后只会身心俱疲，觉得自己哪一样都顾不到。出现这样的状况，很可能是因为你心里不够接纳真实的自己，对真实的自己不够自信，无意识地给自己营造了一个理想妈妈的形象。其实每一个人的时间和精力都是有限的，也都有不同的弱点和问题，只有接受了这个真实而有缺陷的自己，才能真正以开放平和的态度去面对生活中的各类难题。

回到陪孩子的问题上，职场妈妈如果想做到生活与工作兼顾，就需要能对自己说三个字——"没关系"。只有对自己说没关系，才能够放下心中源于坚持理想自我的负累，在工作的时候彻底投入工作，陪伴的时候彻底放松陪伴。并不是时时刻刻思念孩子的妈妈才是好妈妈，我们不能摆脱对一个人的执念，这其实是一种不安全依恋。我们想要让宝宝顺利克服分离焦虑，长大成人，自己首先要克服分离焦虑。

在我自己的书《孩子，愿你一生勇敢，心中有光》中，曾讲过一个工作与生活平衡的故事。一个妈妈心中有一个事业生活兼顾的光鲜亮丽的职场妈妈的自我形象，一旦生活、工作有一方面耽误了，她就会产生很强的自责和内疚的情绪，结果事情会做得更加不好。对这个妈妈来说，无论是新时代好妈妈，还是独立成功女性，都属于她内心中非常渴望成为的理想自我。因为理想的认同，也因为榜样的力量，她对自己有期许，不甘愿对一切都毫无追求地沉沦，进入死气沉沉的迟暮人生。她不知道为什么这一点追求那么难，为什么别人的生活看上去都闪亮而云淡风轻，只有自己在生活中笨拙而难以应付，带娃和工作两端的沉重压力快要把她压塌了。

现实本身不足以引起焦虑，只有当现实和理想自我发生冲突时才会引发焦虑。这位妈妈的问题我觉得就是"理想自我"引起的情绪。她不能够接纳现实：自己是一个真实的人，无论怎么做还是会有很多地方没做好，一个真实的人就是会遇到这些困难和问题。

破除理想自我就是在自我认知层面接纳真实。

举一个例子，如果一个人长得不太好看，自己能够接纳这个现实，可以有两种态度。一种是："没事儿，虽然我长得丑，但是我也挺快乐呀，生活也可以过得很幸福呀！"另一种是："我确实长得丑，我承认这一点，但我可以在其他方面优化一下，比如谈吐呀，姿态呀，穿搭呀，甚至是去美容，都能让自己变得更好看！"这两种态度都有接纳自己不够好看这个事实之后的平静和积极。

但如果在认知和情绪上都不肯接纳现实，就是不愿意承认自己长得不好看，一想到这一点就会痛苦，以至于别人一提到相关问题就敏感。自己也能感受到一种怀疑，但是用各种方式遮掩；或者别人一提到美丑问题就觉得无比愤怒，转化为心理上对自己和对他人的攻击——其实就是不愿意承认自己长得不好看。

长得好不好看只是一个例子，生活中还有很多其他情形，都属于对自我的理想形象比较严苛的例子。

在这些情况下，一旦我们有一点不尽如人意的结果，就容易心态失衡，认为自己这个人是失败的，对孩子、对自己都很难保持平和心态。

如果一个人深深陷入对于理想自我的追求，就很难对自己或者他人宽容。她会指责自己没有做好，指责家人不帮自己。但现实是没有人有义务配合你去演出你这个理想自我的剧本。一旦被别人指出问题，或者发现自己有没做好的地方，就会非常崩溃。**只有放弃掉自己营造的理想自我的幻象，看清楚现实中自我的形状，才可能真正进入平静和踏实的状态，才能看清改进的方向。**

在精神分析心理学里，英国心理学家温尼科特曾经提出过一个观点，**不需要做 100 分的"完美"妈妈，做一个"good enough mother"就好了。**

这个"good enough mother"在中文语境中不容易对应，直译应该是"足够好的母亲"——可是这个足够好的意思在中文和英文里有着微妙的不同，在英文里如果 100 分是完美，那么可能 70 分就是足够好了。但是在中文里，往往说 100 分是好，但还不够，要 120 分才是足够好。

我们按温尼科特的原意，取"已经不错"的意思，翻译成"差不多好妈妈"。曾奇峰翻译成 60 分的好妈妈，**安于 60 分的状态真的不是我们与这个世界妥协之后的无能为力，而是我们允许这个世界放松下来，也允许自己放松下来。**

为什么心理学大师会提倡差不多好妈妈呢？原因是一个理想的好妈妈太容易迷恋自我的完美，从而让孩子得不到真正的成长。

孩子的成长必须来源于独立的空间。"完美"的妈妈是一个为孩子做好了所有事的妈妈，会让孩子一辈子都得不到独立。孩子要能试错，能有空间自由生长，能走弯路，能走错路，能走投无路，能迷途知返，能破釜沉舟，能破土而出，能自成根系——能独自经历这一切，才能成长为一个成熟的人。

但是"完美"的妈妈把一切都做好了，孩子就没有这样独立之路。

我自己有的时候也会遇到陪孩子和工作时间上的冲突。比如我女儿有一个蛮重要的比赛，她的比赛成绩不是很好，我先生很沮丧，我女儿也很沮丧，我自己也很沮丧。那时我也会很内疚：哎呀，我前一段时间要是不那么忙，要是每天都能陪陪她、督促她，比赛最后的结果可能会更好。后来我就跟女儿说：你现在可能有点沮丧，其实妈妈心里也挺沮丧，但是没事，咱们再来一次。给你一个机会，也给我自己一个机会。

其实这种内心的冲突真的是所有妈妈都可能会有的，尤其是职场妈妈，自己的工作遭遇挫败或者孩子没做好，就特别容易极度内疚，把事情都归因于自己，向内攻击："哎呀我没做好！""哎呀我不行！我可能以后都做不好！""都是我的问题！"……在这样的情况下就会让自己特别难受。

如果我们在感受到内疚的情绪后，对自己说没关系，无形中会让我们生出很多力量来重新调整、修复，给自己一个再来一次的机会。

如果我们放下理想自我、放下预期，就会发现很多事情都只是小事而已——孩子出了一点点错，自己出了一点点错，亲子关系中偶尔有冲突，都没关系，下次做好就行了。这才是更加平和与积极改善的生活开始。

那如何破除理想自我呢？

首先是接受 60 分的自己。先接受事实：自己确实不完美，孩子也不完美，生活不可能像想象的那样完美。接受了这些，才可能在平和的心态下思考如何去做。我直播很多，出差也很多，这些时候肯定没有办法在家陪伴孩子，我对孩子的引导也经常是三天打鱼两天晒网。我知道自己很多地方做得不完美，正是在这种情况下才会对家里人有更多的谢意和歉意。如果一个人处处都是完美的，他对其他人是很难产生发自内心的谢意和歉意的，那会让生活更加难办。

其次是尽量破除"表现型自我"，接受"感受型自我"。什么是表现型自我呢？我们可以戏称为"朋友圈自我"，就是会有意无意地总是想着自己的形象是怎样的，自己在别人眼中是不是受人羡慕的，时时刻刻按照一个受人羡慕的形象去生活。在老一辈人的口中，我们就经常会听到这样的表达："这么做，人家都会怎么看我呀？""你看谁谁谁，人家活得多好，你看看咱们自己！"这种时时刻刻顾及他人眼光的生活方式，很容易让自己患得患失。在我们年青一代的生活里，按照自己心意去生活，不是那么在意他人眼光，已经变成了更为主流的模式。在育儿中，我们也会经常陷入为他人而活的境地，不停地晒孩子，不停地比孩子，不停地让孩子表演，通过晒孩子和比孩子，让自己的表演型人格获得满足。其实越是想要感受到真实的自我，越是不能有这么多源自表演型自我的阻碍。与表演型自我相对的就是感受型自我，就是用心去感受自己的情绪、自己的体验，以及用心去感受孩子的情绪、孩子的体验。

我们在生活里哪能真的做到工作家庭都兼顾？它们之间不存在真正的平衡，你最多只能做到在工作与家庭之间切换。当我们选择陪伴家人、孩子时，也确实需要推掉很多工作，此时我们也不能想什么风头都占、鱼和熊掌要兼得，直接向工作伙伴说："抱歉，这件事我实在没法做，还请你们多关照！"也就好了。

最重要的是，当你接受了自己 60 分的状态，并带着这样的不完美与这个世界沟通，身段就是谦逊的，世界也可以接受你的不完美——这个世界接受不了的是你无谓的较劲。当我们尝试接纳自己，接纳自己的不完美，在此基础之上再去寻求改进，我们就能更多地看到现实中的进步。

孩子爱玩游戏
影响学习怎么办？

下班回家，孩子在玩游戏，多次提醒都无济于事，于是开始上演一场内心戏：气恼自己的教育怎么这么失败，气恼孩子不像自己期待的那样有自控力、自觉性和上进心，气恼家里老人的不负责任……于是，某一天，一场情绪大爆发上演了：辛苦的妈妈禁止孩子玩游戏，孩子不满，大发脾气；妈妈积累的怒火一下子蹿上头，于是对孩子大吼。双方闹得不可开交，孩子生气摔门，妈妈又哭又吼。

这就是我们本章作为思考起点的案例。无论它是否发生在你的家里，我们都可以借由这样假定的案例，思考一些有关管教的基础性问题。我不是想要讨论游戏本身，如果是一个刷牙、睡觉，或者收拾屋子的问题也一样，我是想借由这个例子，探讨我们日常生活中处理问题过程中的情绪难题。如果在情绪平静的状态下，父母可以和和气气跟孩子探讨玩游戏的规矩，孩子也可以和和气气地与父母协商。但现实生活中发生的情形往往与和和气气相去甚远。

《父母的觉醒》这本书中讲到，父母要全然接纳自己的情绪，接纳自我，也接纳孩子。这句话看似有点抽象，但是大家如果把它用到我们经常遇到的孩子玩游戏惹自己生气的场景里，通过一点一点抽丝剥茧，来感受一下在冲突和怒火勃发的瞬间，每个人的情绪和想法是什么，也许就能更好地理解作者这句话的核心意思。

一、情绪分析。

从妈妈的视角来看这件事。第一，孩子做了妈妈明令禁止他做的事情。妈妈会觉得受到了冒犯，家长的地位不被尊重。第二，妈妈觉得自己的指令没有得到遵从，当孩子对妈妈的指示充耳不闻，沉浸在游戏中时，妈妈会有一种说话没人理的尴尬，这伤了妈妈的自尊心。

从孩子的视角回放这个过程。孩子知道爸爸妈妈都不在家，能够拥有难得的自由，玩自己喜欢的游戏，心情兴奋又舒畅。这个时候妈妈回来打断了自己的快乐。他知道自己还得写作业，但不太情愿，心里想着玩完最后一段就写。可偏偏妈妈不断在旁边说他不好！游戏要被夺走了，还遭到一顿滔滔不绝的指责，而且说得都不对，简直要气炸了！

我们从两个人的角度复盘后发现,妈妈和孩子都感觉自己十分有道理,但都完全管不住自己的情绪。

二、自我接纳。

在案例中,我们察觉到孩子的情绪包括玩游戏的快乐、被打断的不快、事情无法完成的焦躁、被指责的冤屈感、感受到干涉后产生的抵抗情绪。所有这些情绪是正常的吗?想一想我们成年人,从事一些娱乐活动也会觉得有趣;做一件事情被打断了,也会不快;如果被人冤枉了,也会产生怒火;如果被别人干涉了,也会不自觉地抵抗。孩子产生这些情绪,只能说明他们是正常人,一样拥有七情六欲。

孩子情绪正常,那么为什么爸爸妈妈会如此生气呢?

原因在于,父母不觉得这些情绪是正常的,而是觉得这些都是错误、是缺点、是毛病,甚至是污点,因此第一反应是想尽办法抹除。父母觉得,孩子被娱乐吸引,是孩子的缺点;孩子产生抵抗情绪,是孩子的毛病。孩子有正常的七情六欲并不能让父母满意,父母希望孩子做到的,是某种"想象的状态":能够自律地安排生活,父母只要说"不玩了",就立刻不玩,没有一点点抵抗,只有喜悦和对父母的感激。

一个人有可能活得只有正面情绪,没有负面情绪吗?当然不可能。除了泥塑的佛像和想象中的孩子,从来没有一个人会没有委屈、愤怒、悲伤、焦躁、抵触、厌恶的情绪,孩子有这些情绪，不是因为他们是坏孩子，只是因为他们跟其他人一样。

与此同时，父母也不觉得自己的情绪是正常的。不耐烦、被冒犯、委屈、愤怒、无力感，都是父母不愿意面对的情绪，因此当感受到这些情绪的时候，就想要攻击他人。

在刚才我们复盘情绪的过程中，妈妈第一步经历的负面情绪是自尊心受到了伤害。妈妈接不住这样的情绪，因此要向孩子进攻。她之所以会对孩子说出贬低的话，其实就是一种进攻，想要向孩子证明他做的是错的，这是对自己的保护和对孩子的报复。而在遭到了孩子抵抗的情况下，又承受不住来自孩子的攻击，于是变成了亲子之间的战争。在这个过程中，首先是妈妈没有接纳情绪，没有接纳自我。

遇到一件事，两个人都感到生气。接纳"生气"这种情绪的人，会三思而后行，想一想如何处理这件事才能得到最好的结果。但是不接纳"生气"这种情绪的人，会下意识激起敌意，就像遇到猛兽一样，应激反应让自己大发脾气，即使会让局面更糟糕也在所不惜。

很多事情，本来没多严重，但就是因为当事人无法面对自己的情绪，在下意识中产生了敌对反应，把小事化大，大事引爆了。

有的父母会担心：什么事情都要全然接纳吗？那孩子打游戏打得不学习了，父母就任由他去，不管他吗？有的人会担心，接纳自己、接纳孩子，会让孩子变得骄纵，认为只有严厉地管教才能收获一个好孩子。

但这是混淆了"接纳""溺爱""纵容"。接纳不是溺爱和纵容，指的是看见真实存在，承认真实存在，理解真实存在和自我（理解情绪和自我的真实），不扭曲，不回避，更不争斗，而是能够从容处理。

举个例子，接纳并不是指"孩子想怎么玩游戏就怎么玩游戏"，而是理解孩子"爱玩、欲罢不能"的情绪反应是正常的，他并不是坏孩子。接下来要和孩子一起找到双方能够接受的界限。接纳是指接受客观真实的现象，在此基础上再寻找解决方案。

如果不接受这种自然情绪，会怎么样呢？如果认为"爱玩＝坏品质"，那就会想方设法抹掉这个坏品质。可是"爱玩"作为一种天性，在孩子心里是抹杀不掉的，即使父母说了，孩子还是能感受到自己"爱玩"的天性，于是就变成了无穷无尽的争斗。如果父母能接纳孩子这种天性，跟孩子说：OK，这本身没问题，但是会影响其他事，那咱们一起想想怎样处理吧。孩子感觉到他的感受被接纳了，也会一起想解决方案。

跟传统的理解恰恰相反，**接纳不仅不会导致溺爱、纵容，反而是真正能够引导孩子成为更好的自我的唯一方式**。

在孩子玩游戏时，父母如何做到接纳，与孩子通过协商达成一种更好的局面呢？

第一点是"觉察"。妈妈要觉察让孩子不玩游戏时孩子的情绪，知道孩子有情绪是正常的，也能感觉到自己情绪不太好，也能理解自己有负面情绪是正常的，没有必要就这种不快大做文章。自己是对孩子的行为不太高兴。能最终想清楚自己到底要什么，想清楚自己是要孩子能够平静地开始好好学习，那就按照这个方向，用理性的指引，用比较平静的态度，让孩子的情绪也平静下来，让孩子慢慢放下娱乐，开始学习。

第二点是"安全感"。也就是不会把所有他人的情绪，都上升为对自己的攻击或者抛弃。很多时候，孩子或者其他人，只是出于正常的不快情绪，抱怨两句，如果父母接住了，孩子的情绪很快也就过去了。

这二者合起来，就是一种"接纳"的感受。接纳每时每刻的情绪，让自己从容应对，随时回到平静的状态，不让自己轻易崩溃，才能让自己想到这个场景下最好的理性方案。

接纳还是不接纳情绪，其实最大的区别就在于，自己的头脑中还有没有空间让自己"想办法"。所以理性才是我们解决问题的长远之道。理性是在觉察之后，在更高水准上知道自己真正要什么。

接纳情绪、接纳自我，就像是给内心筑起安全的地基，真正的高楼可以由此建立。下一次如果父母想让孩子停止玩游戏，先观察一下孩子当时的情绪状态怎么样,先花一点时间让孩子的情绪平复下来,双方进入良好的沟通状态,再去协商不继续玩游戏的解决办法。在生活中的其他事情上,比如想让孩子跟你出门,想让孩子刷牙睡觉,我们都**遵循"先让孩子的情绪平复下来,再去沟通,推动事情进步"的原则**,这样的过程就会让孩子的配合度高很多。

说了这么多,最后汇总成一句话就是:**对于所有让我们生气的时刻,"忍"不是办法,"懂"才是办法。只有懂得整个过程中所有细微的情绪、情感反应,才有可能找到合理的应对之道。**

孩子有了坏习惯怎么办？

有的时候我们会看到孩子在餐厅里捣乱，看到孩子在课堂上坐不住，看到孩子晚上反反复复折腾不好好睡觉，看到孩子对其他孩子有攻击行为，看到孩子顶撞大人，看到孩子不听话……面对孩子的这些行为，我们的本能反应是：孩子有了这些坏习惯，我们如何管教、纠正孩子？往往忘了问：孩子有没有可能感受到了某些压力？

压力是什么呢？压力是孩子感受到的、来自内心或外界的、让自己难以承受的负担。就好比一堵墙向一个人缓慢倒下来的时候，这个人心里有着莫大的说不出的恐慌。

有的时候，可能仅仅只是所处的环境不舒服就会让孩子压力倍增，爆发出种种恼人的行为；有的时候，可能是孩子面临自己难以处理的问题，精神压力太大而无法调节，于是表现出种种行为问题。孩子在压力状态下总会做出各种各样抗压的行为——而这些行为在父母的眼里很可能是一些坏习惯的苗头或者做法。在这种情况下，如果父母并不能识别孩子的精神压力，而是依然推动孩子按自己的想法去做事，那就像从另外一边又来了一堵墙，最后孩子被两堵墙挤在中间了，要么疯狂挣扎，要么自暴自弃。

为什么孩子在压力状态下会有这样的行为呢？《我不是坏孩子，我只是压力大》这本书告诉我们，人类的大脑分为三层：

最顶部和前面的是"新皮层"，它支持如语言、思维、理解和自我控制这样的高级功能；下一层是古哺乳动物脑，也就是边缘系统，负责强烈的情感关联与冲动行为；最底层是爬行脑，它与边缘系统密切结合来调节我们的唤醒程度和警觉性。这三层脑是跟随人类进化而来的不可忽视的生理基础，是我们很多心理反应背后的生理因素。当孩子压力过大的时候，他就从理智的现代人回到了警觉的小动物状态。爬行脑就开始发出警报，唤醒冲动的边缘系统，进入"战斗或逃跑"的紧急状态。这种状态会消耗大量身体能量储备。

我们都有这样的体验：孩子做不出来题目的时候，你越骂他越迟钝，最后一个字也写不出来，就是因为此时他的大脑进入警戒状态，理智脑不工作的缘故。很多时候，孩子处在压力的环境中，父母对此却没有足够的觉察。

有的父母可能会问：那我怎么样才能发现孩子有哪些压力源呢？书中也分析和总结了压力和自我调节的五大领域。

第一个领域：生物域。如若孩子表现出无精打采或亢奋，出现头疼之类的情况时，有可能是他们的生物域难以承担而引起的，例如没有吃好睡好。

第二个领域：情绪域。不少父母可能都知道，消极情绪对一个人的影响很大，可是很少有父母知道，其实积极情绪如果太过强烈，也会让孩子处在一种压力状况下，从而让他们不懂得如何调节。

第三个领域：认知域。认知域主要指孩子对内、外刺激的觉察。也就是说，当孩子有认知压力时，往往是他们对内、外的刺激觉察有限，他们感知信息的能力太弱造成的。比如孩子发现自己很难掌握数学的运算规则，就会产生认知领域的压力。

第四个领域：社会域。顾名思义，是指我们的社会环境带给孩子的压力，比如人际交往的困惑、冲突，被人欺负，被社会排挤，等等。

第五个领域：亲社会域。亲社会又叫有利社会行为，是指无私、很有社会责任感、顾全大局等等。这个往往指我们不得不把他人的需求放在首位，而把自己的需求排到最后的压力。

这五个领域，简单点说就是身体不舒服、某些激烈情绪难以处理、周围的观念或者意见让孩子难以承受、人际关系中的困难,以及被迫承担的责任。

在《我不是坏孩子,我只是压力大》这本书中,作者也给出了五大核心步骤去帮助孩子缓解压力。

第一步是识别迹象。第一步非常关键。家长首先要学会理解那些让你感到麻烦或者恼怒的行为,哪怕很琐碎。比如,孩子很难入睡或起床,早上容易发脾气,写作业拖拉,情绪反复无常,一会儿哭一会儿闹,注意力涣散,听不见你说什么,干什么都没精神、烦躁、恐惧,为很小的事情焦虑,并很难平静下来……以上迹象都表明孩子正在承受巨大的压力,正是这些压力导致他们做出种种"坏行为"。

第二步是理解他们的压力。在本书有关《自控力》的内容中,我们说到"自控和压力是死敌",让父母先卸下压力,放轻松,再和孩子沟通、相处。换了不一样的理解视角,我们对孩子的整体行为会有完全不一样的感受。这会让我们从愤怒变成理解,从理解变成同情,同情所谓"问题"孩子的艰难处境,从而与孩子站在一起,去努力帮助他们。

第三步是减少压力。消除孩子的报警状态,让孩子先回到平静状态,然后逐步唤醒理性的新皮层,让新皮层指导孩子积极努力。自我调节的作用就是帮助孩子的大脑在各系统间更快更好地自由切换。那些看起来比较不听话的"坏孩子",其实不是真的"坏孩子",他们只是在应对压力时,大脑转换状态比较困难,"恢复"功能失去弹性,在压力面前更容易退缩。

第四步是帮助孩子意识到何时自己处于压力过度的状态。如果孩子过于习惯超负荷的压力状态,那么他就会默认这种状态是"正常"的,把不正常当正常是非常痛苦的,他可能习惯于情绪化爆发或者退缩,而不去追溯缘由,这会阻碍孩子去发觉自我意识,从而做出改变。

第五步是发展自我调节的策略。帮助并引导孩子去发现什么可以帮助自己平静、放松和恢复体力。可能是默念一句话,或深呼吸。但每个孩子不同,选择自己感觉最舒服的即可。

很多父母比较关心孩子专注力差的问题,这就属于认知域的问题。家长想要提升孩子的专注力,就可以应用以上提到的核心步骤来帮助孩子。

例如,第一步,家长需要识别孩子在哪些需要专注的场合不够专注。第二步,需要理解孩子的专注力不够很有可能是面临一些外在的压力。第三步,父母可以从生物域,培养孩子的身体觉察能力,做些提升听觉、嗅觉、触觉、视觉等的小游戏,帮孩子减轻压力,降低焦虑感。除了身体,更重要的是改变认知。有的时候,当任务较为困难、任务太多,或者面临其他人的批评挑剔时,孩子就会产生一种"压力无法抵抗"的感受,这种压力会让孩子焦虑,没办法聚焦于学习,只能几个小时靠"玩笔"这样分散注意的办法来抵抗压力。父母可以从认知域的角度告诉孩子,"没关系,其他人的批评不太重要",或者"你其实很棒,我很相信你",以此帮孩子增强内心的稳定能量。第四步,父母引导孩子去关注自己内部的感觉、内心的思绪,识别自己的压力所在,看到自己当前表现的非正常状态,为增强他们的自我调节能力打好基础。

我们可以看到,缓解孩子的压力,不仅需要让他的身体平和下来,更重要的是让他的精神平静下来。如果说孩子在压力状态下像一只炸毛的鸡,那么在平和状态下,他就像一只羽毛顺和、充满力量的鸽子。

父母该怎么样让孩子卸下压力,进入平静状态呢?这里总结了几种方法。

一、**物理平静**。比如让孩子深呼吸,让孩子去感受外面舒缓的风,让他能够进入自己感觉比较舒适的环境;或者有的时候哭出来,让眼泪慢慢流淌,情绪和压力也就随之流淌,这也是一种减轻压力的好方法。

二、**联结**。当孩子感受到压力,我们可以给孩子一个拥抱、亲吻或者安静的陪伴,用我们的身体给予孩子温暖或者爱的感受来中和孩子的忧虑,这也是让孩子慢慢卸下压力的好方法。

三、**让孩子做自己喜欢的事情**。孩子的爱好是他卸下压力的出口,比如孩子听课写作业压力很大,但是他喜欢画画,就可以通过画画把这种压力消除掉。或者孩子喜欢踢足球,他就可以通过踢足球这样的心流过程来卸下压力。

四、孩子越来越成熟，他的理性会帮助自己卸下压力。如果他大一些了，他可以思考："老师批评我是什么意思呀？他是不是真的不喜欢我？我该如何去应对？我可以怎样让老师比较理解我呢？"当孩子把这些事情想得越来越清楚明白，他就会觉得："不过如此，很简单嘛！"当他觉得很简单，也就没有了压力。

只有孩子的精神平和下来，他才会感觉到前方并不是一堵墙，而只是几颗石头，凭自己的能力可以一跨而过，他才会带着自信向前走。

真正智慧的父母，能根据孩子的状态进行调节，让孩子不恐慌，还能发掘孩子自我的力量，与孩子共同磨合出双方都能接受的规则。

想达到这样的状态，就需要父母非常了解孩子的状态，主动帮孩子营造一个安全的、压力可承受的环境，每一步的任务都按照脚手架的原则，在孩子可以达到的范围内，让孩子发现自己的能力。这种对孩子真实状态的感知，和在安全范围内对孩子的支持，是让孩子配合父母、做好自己的最重要的基础。在此基础之上，父母再和孩子协商吃饭的规则、睡觉的规则、玩的规则、学的规则等等。**只有处于卸下压力的安全氛围内，才有高阶协商的可能。**

chapter

02

智
力
促
成

影响孩子的智力因素有哪些？

经常有人会问我："为什么不让孩子去学钢琴呢？"我说："我感觉孩子并没有学乐器、学音乐的天赋。"有人又问了："孩子这么小，你怎么能知道她有什么天赋呢？其他人练，都能够练出成就，也许练着练着，就练好了呢。毕竟以普通人的学习来讲，还根本到达不了拼天赋的阶段呢。"

我并不是说我孩子的天赋就一定比其他人差很多，而是说对于她自己而言，音乐的天赋并不是她智力中比较突出的。**天赋其实是相对自己而言的**。这一点父母在观察孩子的时候就会知道。如果你强行让孩子在一个方向上发展，也许就牺牲了他在另外一些地方发展的时间和机遇。因为一个人不可能在所有方向上都去追求卓越，而是只能在一两个方向上追求精深和卓越，其他的方向可能就表现平平。那到底在哪个方向上去追求卓越呢？我认为，最好是在自己相对比较有天赋的方向上追求卓越，这样肯定是效率最高的。

勤学苦练需不需要呢？当然需要。但是你在自己天赋比较弱的方向上勤学苦练，可能就是"花了一百分的工夫，得到五六十分的成绩"；在自己天赋比较好的方向，则可能是"花五六十分的工夫，得到八九十分的成绩"。所以这是一个相对衡量。

人与人之间除了天赋的差异，后天教育带来的区别有时候会有更大的影响。所以我们需要重视孩子的启蒙和家庭教育，尽量给孩子多一些刺激性的环境，使之得到启发和锻炼。在聊孩子的后天教育之前，我们先来了解一下影响孩子的智力因素有哪些。

不同的理论家对构成智力的核心品质以及共有多少种品质持不同的看法。《发展心理学》一书介绍，心理测量学家更倾向于智力的层次结构模型，而其中最精细的是**约翰·卡罗尔的智力三层次模型理论：**

卡罗尔的智力三层次模型。第二层次的能力从左到右与一般智力的相关性依次递减。所以，一般智力 g 因素与流体智力以及它所支持的推理能力（如数量推理）的相关性比与听知觉、认知速度以及这些能力所支持的第三层次能力的相关性更强。

一般能力因素 g 在最上层，它衡量了我们总体上是不是聪明；

8 种主要能力排在第二层，其中包括流体智力、晶体智力、一般学习和记忆、视知觉、听知觉、提取能力、认知难度、加工速度；

第三层次则是指具体的技能，与第二层次能力一一对应——8 种技能分别是数量推理与类比、言语理解和词汇、记忆广度和联想记忆、视觉辨别和联想记忆、音位辨别和音乐辨别、创造力和快速命名、视觉速度和测验完成速度、反应时和决策速度。

其中，晶体智力是相对比较确定的、累积的知识；流体智力是随时流动计算的处理思路。因此，晶体智力更像是你存储的信息，流体智力更像是大脑的算法。

具体而言，在生活里我们可以经常去观察孩子多方面的反应，比如：

对数字类的游戏是不是非常感兴趣；

是不是喜欢逻辑题和猜谜这样的游戏；

是不是说话很流畅，爱说话，能够把一件事儿完整表述清楚；

是不是大人说过的事情和词汇，过几天就可以使用了；

对看过的图像是不是很敏感；

对于空间游戏是不是擅长；

对于音乐是不是很敏感，对节奏摇摆是否有准确的感知；

遇到一些小困难，是不是能够想出各种各样的解决方案；

生活中遇到的一些问题，是不是能快速地找到答案；

玩游戏的时候，是不是能很快地明白自己应有的做法；

……

所有这些观察都是对孩子的理解，对孩子更细致入微的描摹。**观察孩子，了解孩子，尊重孩子，这是颠扑不破的育儿之道理**。这里面有一些维度表示孩子的能力方向，另外一些维度表示孩子的学习偏好。我们会发现孩子并不是每个维度都擅长——有优势，也有短板。**让孩子用自己偏好的方式去学习，发挥自己的优势，肯定是事半功倍的**。

在这里，讲一个我身边的小故事。我带着 4 岁多的女儿和一个 3 岁多的小男孩一起去一个蹦床馆玩，结果那个小男孩从 11 点多玩到了 12 点半，就不想玩蹦床了，吃了饭就开始做自己的数学练习册——这个过程他非常投入，精神也是愉悦的。而我女儿从 11 点多开始就一直在跳蹦床，中途只休息了 5 分钟又接着玩，从 11 点一直跳到下午 5 点，持续了 6 个小时。

"蹦床旁边小男孩在做数学题"和"我女儿一直在跳蹦床"，构成了一个非常鲜明的对比。我却从中发现了我女儿在蹦床和体力方面的优势。所以在女儿 6 岁的时候，我就送她去学体操了。

这带来了什么样的结果呢？结果就是即使她学其他东西都蛮容易放弃的，但是学体操一直坚持着，从第一天就非常喜欢——喜欢器械，喜欢倒立，喜欢做侧手翻……而在学体操的过程中，她锻炼出"吃苦，挑战自己，忍着疼痛去追求一个更好的结果"的毅力。这样的品质后来也有助于她的课内学习，学习中遇到困难的时候，她甚至会说"比起练体操，这还是容易的"。而那个一起跳蹦床的小男孩儿呢？他依旧喜欢数学，到了大概6岁的时候，就表现出对数字排行榜的敏感，喜欢玩纸牌游戏；在性格上，也仍然喜欢一个人安安静静地玩东西，不是特别喜欢凑热闹。

当我们父母看到了孩子的差异、特色，其实就更容易帮孩子选择更适合他的道路。在这里，我又想起曾经和埃隆·马斯克的妈妈梅耶·马斯克有过一段对话。

埃隆·马斯克，他现在已经是世界首富了，而他的妈妈梅兰妮·马斯克也是一位非常成功的女性。我曾经有幸在一次直播活动中采访到梅耶·马斯克——梅耶当时回忆说："马斯克在小的时候，可能七八岁的时候，就展现出数学方面非常强的天赋，也非常喜欢科学方面的东西。但是他的英语只拿了F。"而梅耶那时就跟马斯克说："你的英语拿到D就可以了，倒也不用拿A。只要有自己喜欢的事情是A就足够了！"梅耶当时就跟我说："不用每个学科都拿A，这有什么意义呢？全A就相当于没有A。有自己比较差的方面，但是有的方面拿A，这样就够了。"

所以梅耶是非常尊重家里的几个孩子的，梅耶·马斯克的二儿子开了连锁餐厅，小女儿学习戏剧，做了导演，创办了自己的制片公司——几个孩子发展方向非常不一样，但是每一个孩子都是自主选择了自己的发展方向，而且过得非常快乐。

只有这样的妈妈才能造就今天的马斯克这样一个科学狂人。梅兰妮看到了儿子身上的特点，没有要求他每一个方面都得 A，而是让他在自己擅长的方面充满热情地去追求。所以天赋和后天的努力之间其实是互相成就的。**我们让孩子在他自己有天赋的方向上去努力，可以达到事半功倍的效果。他在这个方向上取得的成就，成就感也会泛化到其他的方面。**

每个人生下来天赋不一样，智力也有一定差别，但得当的后天教育可以让任何人都在自己原有的基础上有所提升。可以说基因天赋决定了"你是谁"，而后天的养育让你能够做到"更好的自己"。我们更多地也是要在观察并理解孩子的基础上，根据他不同的特点进行后天的培养。这里我分享一些智力因素的培养方法。

关于晶体智力，我们要让孩子积累更多的知识，看到更广博的世界，就像童行书院的课程体系一贯推行的那样；关于流体智力，就是让孩子在生活中多进行自主推导的思考。很多知识我们都要让孩子有自己的推导过程，生活中的各个情景，也可以让他思考其中的道理。

实际上，十七八世纪的科学哲学家就总结出了一些人类根本的思考方法。其中最主要的两种叫作归纳和推理。**归纳就是从纷繁复杂的现象中去找规律，推理是从前提推导出结论。**

举个例子，我们在生活中看到蔬菜，就可以让孩子想一想："西红柿是从哪来的呀？你看看，西红柿有什么特点呀？西红柿和茄子有什么不一样啊？那你猜猜，西红柿和茄子是长在树上，还是长在不同的地方啊？你从它们的特征上能判断出来吗？你是怎么做这样的推理的？如果它们长在同样的地方，那么应该有什么样的结论呢？……"

像这样不断地对比观察，去推导背后的原因，再去推理相应的结果。这种思维练习做得越多，孩子的思考就越明智。这不仅和流体智力有关，也和前文智力模型里提到的提取能力、认知难度、加工速度都有关系。我们还可以通过一些绘本上的解谜题或者逻辑思考题，让孩子锻炼这种思维，当然，也可以通过童行书院的童行书单伴读、绘本阅读和童行阅读的音频课，让孩子锻炼这种思考。

最后再分享一个既能够促进孩子的内驱力形成，又能促进孩子智力发展的方式——探究式问题。探究式问题可能是有正确答案的，例如："你猜猜油和醋倒在一起会怎么样？"也可能是没有正确答案的，例如："你相不相信小行星撞地球就是恐龙灭绝的原因呀？为什么呢？"探究式问题，既可以点燃孩子学习的主动性，又能让孩子锻炼他的思维能力，还能激发孩子的创造力——在探究式问题的解决过程中，孩子生成了很多自己的想法，有些可能是很有创意的想法。按照创造力的投资理论，当一个人对自己的想法很有信心，开始向其他人讲述并兜售自己的想法时，他就离成为创造力人才不远了。

总的来说，**锻炼孩子的智力，就好比是"硬件升级"**。硬件升级相对来说是比较慢的，给他安装一些刷题式的软件和补丁是比较快的，但是我们也清楚，芯片的升级给手机带来的影响才是革命性的。所以我们在最初引导孩子去思考和学习的时候，要记得"慢就是快"——让他思考的过程也许是慢的，但是他一旦自己掌握了这种思考方法，智力就得到了充分的锻炼，他将来的学习就是快的，学习好也是顺理成章的事情。

如何给孩子进行
有效的智力启蒙？

如今这个社会，竞争很激烈，父母也很焦虑于孩子的成绩。于是早期启蒙越来越提前，也越来越内卷。只是简单地告诉父母不用太在乎成绩，是不能够真正缓解父母焦虑的。我们更需要告诉父母，怎样是更好、更科学的早期启蒙，才能让父母放心，对孩子的成长更有信心。

其实，孩子学会了多少个拼音，背了多少个单词，一分钟能做几道口算题……这些表面技巧的领先是很容易被追上的，长期看，优势都会被抹平。最终对孩子成绩影响最大的，是从小学高年级到中学逐步显现的深度理解能力的差异——成绩的分化差不多在这个阶段开始出现。此后有许多科目的学习会呈现巨大的差异，一直到成年。

而深度理解能力和思考的习惯紧密相关。一个人如果经常主动思考、独立思考，如果任何事情他都能不满足于被告知答案，而期望自己进行推理，如果他能习惯于透过表面去思考为什么，追问更深一层的原因，如果他能长期与人沟通，并通过自己的思考理解不同的观点，那么他学业上的问题就不会成为巨大的障碍，反而是一个又一个值得思考的案例。如果他喜爱思考，那么学习会成为他的乐趣之所在。

那么，该如何促进孩子大脑的发育和思考能力的发展呢？这个问题我相信所有的父母都很关心。科学家也很关心，他们兜兜转转很多年，通过大量的实验数据，最终找到了一个最为关键的因素。

《父母的语言：3000万词汇塑造更强大的学习型大脑》这本书里就记录了这样的研究。科学家记录了来自美国各个阶层家庭的数据，发现在一个小时之内，高社会经济地位的家庭，孩子平均听到的单词数量是2000个，贫困家庭孩子听到的单词仅仅有600个。另外，父母对孩子的回应也有很大差异：在高社会经济地位家庭中，父母每小时对孩子的回应有250次，但在低社会经济地位的家庭中，父母对孩子的回应每小时不到50次。

这种早期词汇和语言的差异真的可以影响到孩子最终学习能力的高低吗？是的！所有的数据都支持了这个答案，可谓是颠覆了传统。曾经科学家以为，丰富刺激的环境对大脑发展最关键，但是进一步调查发现，物理作用不如语言互动的作用更大，互动的质量是影响孩子认知和情感发展的关键性因素。科学家还发现，儿童早期的情感依恋状态与成年后的自信、成就和情感稳定性高度正相关，而形成稳定依恋的最重要因素也不是满足饮食起居的需要，而是情感回应。所有这些研究汇总起来就是一个结论，**早期教养中对孩子的智力和学习能力发展最关键的因素就是与主要看护者的语言互动**。

语言为什么有这么大的神奇魔力呢？这个问题本身也仍然有一定的神秘性，科学家还没有完整的答案，但是我们可以想得到，对话交流需要调动大脑多方面的能力，你需要理解他人的语言，这就比仅仅理解他人的行为要复杂一些，而且你要把自己模糊的情感与想法，用抽象的语言表达出来，这就需要调动你的智力。

语言是思想的载体。我们很难想象不依赖语言而存在的思想。一个人语言能力的差异，包括孩子语言能力的差异，反映出来的其实是思想能力的差异。所以语言发展对于孩子的思维能力发展非常重要。

有人可能会问了：如果语言能力真如你说得这么重要，那为什么有的人能说会道学习却依然不好呢？智能的进化，主要是抽象化的过程。语言就是第一重抽象化——让我们把一些很复杂的模棱两可的事物，用抽象的语言说出来。而文字和符号是纸面上的第二重抽象化。有很多人学习不好，其实是缘于第二重抽象化的困难,就是对于符号的认知不好。但是如果他第一重抽象化也就是语言的能力都不强,那么第二重抽象化就更为困难了。我们要让孩子智力发展得好,在他还没有进入符号抽象化的早期阶段,一定要让他进行语言的发展,语言的发展对他后期很多抽象化思维的发展都非常重要。

我跟3岁的儿子交谈的时候,我知道他现在的认知能力刚刚能够区分不同的动物,了解不同的动物生活在哪里,但是对于动物身体构造和习性还不是那么清楚。所以在谈论一个骆驼类的毛绒玩具时,就会有以下对话。

我说:"骆驼生活在哪里,你知道吗?"他说生活在沙漠里。"你看它背上这个驼峰,你知道驼峰是干什么的吗?"他就说是让我们人类去骑的。我说:"对,这是驼峰的一个作用。不过驼峰最早长出来不是为了让我们人类去骑,它可以储存很多的水分和营养物质,那你觉得它储存这些水分和营养物质有什么好处呢?"我儿子想了想说不知道。然后我就跟他说:"你看,骆驼在沙漠里面是不是没有水喝呀?它储存这些水分可以让骆驼在沙漠里面很长时间不喝水也能有水分。"我儿子就重复了一下我的话,大概表示听懂了。

在这个过程当中,我是知道他现在的知识水平和理解能力的,然后给他提出问题,他就会跟着我这样的问题去进行思考,有的问题他给出了自己的答案,比如"驼峰是为了让人骑的",

有的问题他没有答案,他就说不知道,但是他会愿意听我给他讲。整个过程中,他其实就是跟随着问题,自己不断地进行思考,他的大脑就得到了锻炼,后面我们再进行很多其他对话时,他也更容易发表自己的观点。

而 7 岁的女儿晴晴,早已经过了认识动物这样的发展阶段。她现在更感兴趣的是一些设计,像一些平面结构图、海报或者是其他的设计。所以有的时候我们在路上就会随机谈起楼房、海报上呈现出的设计这样的话题。我会问她:"你觉得这个海报这个地方设计成这样有什么好处啊?"然后她会给出自己的想法。亲子语言互动中,很重要的一点是,父母真正了解孩子的兴趣方向,了解孩子现在的知识水平和认知能力,在孩子现有的知识水平上给他提出问题。

构建一个丰富的语言环境,并不需要人们从忙碌的工作生活中挤出大把的时间。那如何更好地帮助父母构建一个良好的语言环境呢?《父母的语言:3000 万词汇塑造更强大的学习型大脑》的团队给出了 3T 原则:共情关注,Tune in;充分交流,Talk more;轮流谈话,Take turns。

第一个"T":共情关注。

在 3T 原则中,"共情关注"是最细致入微的一条。它要求父母有意识地去观察孩子在关注什么,等时机成熟,父母再跟孩子谈论。换句话说,孩子关注什么,你就关注什么。哪怕孩子太小，听不懂大人的话或者关注的东西一直在变化，父母也应该遵循这条原则，及时对孩子的行为做出回应，这就是通过父母的语言来开发孩子大脑的第一步。假如父母不遵循共情关注原则，那么其他原则也不会发生作用。

很多父母在公众号上学到了某个方法，就制订一个详细的时间表，要求孩子按照这个时间表完成任务。例如，每天背完三个单词。但是一旦这种任务思维占据了父母的心智，他们很多时候就注意不到孩子在关注什么，孩子的心声是什么。这种情况下，父母就没法根据孩子的注意力所在来进行交流，而执拗于自己的注意力焦点，久而久之很容易跟孩子产生隔阂，而且注意力的分歧无助于智力开发。

第二个"T"：充分交流。

第二条原则，要求父母多跟孩子交流。有的父母觉得跟孩子在一起没什么话说。但实际上聪明的父母会知道，生活的一点一滴都是可以交谈的素材。父母可以通过描述自己和孩子的行为，给孩子构建一种他们认知这个世界的方式，同时也构建了他们将来描述自我、描述世界的方式。简单来说，就是父母说说自己在做什么，说说孩子在做什么，这对于婴儿或者幼儿是非常有用的。因为小宝贝就像小狼一样，天生具有行动本能，但也像小狼一样难以用语言表达出来。这种语言表达其实就是自我意识的诞生。

第三个"T"：轮流谈话。

第三条原则叫作轮流谈话，要求父母和孩子在交流时轮流参与谈话，它不仅是亲子交流的黄金准则，还是3T原则中最重要的一环，对于开发儿童的大脑起着决定性的作用。为了让"你来我往"的亲子互动成功地开展，父母和子女都应积极地参与其中。

如果想要理解3T原则，父母可以找一天录下自己和孩子一小时共处的时光。你可以算一下录音中自己和孩子说话的时间各占了多少比例；而你们的互动中祈使句、反问句、疑问句、陈述句各自占的比例有多少。

为什么很多时候我会把我和晴晴的对话录下来呢？实际上，我就是在我和她玩儿的时候，把录音机打开放在一边不去管它，事后听一听录音大概就能够知道：我和孩子的互动中，有没有因为我太过强势压制了孩子的发言；孩子的发言有没有充分地把她的思想展现出来……经过这样的聆听和自我观察，父母其实都可以掌握和孩子互动对话的方法。

其实高质量的互动没有那么难，无论平时有多忙，3T原则都可以融入我们的生活。实际上，买菜也好，做饭也好，读书也罢，睡觉也罢，如果我们能在生活中的一个个瞬间，与孩子深入交谈，聆听孩子的声音，尊重他的选择，让他决策和安排自己的生活，与他讨论生活的前因后果，引导他去思考，鼓励他提出自己的理念，那就是最好的启蒙了。

孩子不爱学习怎么办？

学习可能在很多父母关注的育儿问题中占据榜首，网上也经常热传一些父母和孩子一谈作业就鸡飞狗跳的视频或段子：有的孩子写作业不认真应付了事，有的孩子写作业拖拖拉拉，还有的孩子一说学习就发脾气……孩子这些问题表现的背后其实是他的学习动力问题。

对于年龄小一些的孩子——小学低年级或者幼儿这个阶段，学习最大的动力来源于快乐。孩子长大之后，会对很多事情有比较复杂的动机，比如说学习和他将来的事业地位有关，和他将来想要选择的人生方向有关。他虽然不喜欢学习，但是责任感会推动他学。年龄稍微大一些的孩子，其实能够用理性控制自己。

孩子最早的学习原动力——快乐，其本质是孩子感受到"我的策略是对的"。其实人在很多时候当他验证了自己的一个思考、想法、方法是对的，会产生一种发自内心，由内而外的快乐。这种动力一旦被激发出来了，孩子就会主动热情地真正发自内心地爱学习。

其实早在孩子上学之前，他就在生活的各个环节开始发展自己的学习策略了，而且在多数时候还非常乐在其中。比如，他们喜欢猜谜语、玩"找东西"的游戏，喜欢游戏书上一些解谜类的有趣的项目。并且他们在玩游戏的时候会发展一些开放性的策略。比如，有的时候很想找一条绳子把一些东西给挂起来；或者在没有合适的搭建物体的时候去寻找各种各样的替代品来完成自己的搭建任务；有的时候也乐于接受一些数学类的小挑战。当你给他们出一些小的难题，不管是木棍难题，还是汉诺塔，或者是数独游戏，他们只要觉得自己能解决，就很乐于想办法。这种自己去想办法解决一个问题，或者在游戏中采用更好的开放性策略的倾向其实是每个孩子都有的——这是孩子发展自我策略的天然本能。

我们需要做的，就是让他们把这种自己去想办法的天然本能转移到他们未来的学习中，在学习中遇到困难，也能够想办法发展自己的学习策略。

《人是如何学习的》这本书学术意味浓重、用词专业，不大好读；但其关于孩子特惠区、最近发展区、脚手架的概念对我们帮助孩子找到学习的动力有很大的指导价值。

特惠区，指的是大脑自然发展的过程中，在某一时期对某些知识或者能力非常敏感。我们经常听到的语言敏感期其实就是一种特惠区的概念。它是指婴幼儿在发展过程中，大脑会有一个阶段是对语言非常敏感的，此时婴幼儿对于语言的学习能力也非常强。

相对于特惠区局限于婴幼儿这样的低龄，最近发展区是贯穿一个人一生学习的一个基础概念。最近发展区其实就是你现有的能力水平和你经过了一番努力能达到的潜在能力水平之间的距离。比如说你的钢琴水平，你可能刚刚学了一段时间，能弹一首简单的小曲子。然后在老师的辅导和你自己的努力之下，经过几个月的时间，你可以弹一首完整的流行歌曲。从弹儿歌到弹一首完整的流行歌曲，其间的距离就是你的最近发展区。

最近发展区的概念，比特惠区更为重要。特惠区总是给人一种"哎呀，错过了这两年就糟糕了，就要完蛋了"这样的焦虑感。但最近发展区是贯穿一生的，孩子不管现在是一个什么样的水平，不管每一个学科学到了什么样的程度，他都可以在最近发展区得到很好的引导，达到一个更高的水平。这就像是成年人学钢琴，可能学不到郎朗的程度，但是你学到一个能够在任何场合演奏的水平就足够了。

书中作者提到一个例子，4岁的安妮第一次玩拼图，一开始无从下手，直到爸爸坐到身边，建议她最好先把拐角放到一起，然后指着一个拐角边缘的粉红色区域,说:"让我们来找另一块粉红色吧!"……当安妮做不下去的时候,爸爸就把两个相连接的部分拼放在一起,以引起她的注意。当安妮拼图成功时,爸爸表扬了安妮,在安妮逐渐掌握要领之后,爸爸就退到后面,让她渐渐独立完成。这就是安妮的父亲在最近发展区给予安妮的指导。

脚手架是促进认知发展的社会合作性的一种方式,有能力的参与者会根据初学者当前的状况给予恰当的指导,使他们能够从这种支持中受益,并促进他们对于问题的认识。脚手架并不只是搭建于正规的教育情境中,而是由任何一个更有能力的个体随时给儿童提供其所需的支持,以指导儿童接近他本身能力的极限。其中,成人参与程度的大小并非由成人自身决定,而是由成人和儿童共同决定。例如,独立解决问题能力较差的儿童,要比那些能力较强的儿童需要更多的指导;儿童的能力越强,在解决问题时需要的成人指导或者支架就越少。

我们干预孩子学习的程度是因人而异的,要根据每一个孩子具体的能力水平差异,来决定我们到底干预多少。因此并不能简单粗暴地说,父母是否陪伴孩子学习,管不管孩子的学习,有哪一种做法是一定对的。我们一定要根据孩子现有的水平来调节我们自己的做法,而且很多时候是跟孩子一起商量磨合出来的。什么是合适的干预程度呢?其实就是在孩子具有一定自主权的学习活动中，以孩子不拒绝作为尺度。

在这里，我举一个我女儿学习英语的小例子。我曾经很想让女儿去写英文的句子，因为她的英文水平不算太高，有一定的听说读的能力，但是一直都没有练习过写。所以我好几次跟她说"咱写几个英文句子吧，写点简单的句子"，她当时都是拒绝的，我也就没有强求。但是最近发生的一件事情让她开始不拒绝了——她的中文写作能力有了一定的提升（以前只能写一句话日记，但是现在看图写话，能够连续写几段话，还能把里面的对话写出来）。她感觉到自己中文写话的能力提升了很多，而且还很自豪地跟过去对比："你看我现在能写这么长，我以前才能写一句话。"这个时候她有了对于自己能力的认可和自豪感，我就借机说一句："那咱现在开始英文的一句话写话吧！"这个时候她就不拒绝了，她开始在纸上写一个英文的句子，这一句话总共三个单词，她拼错了两个。我说"这个单词是这样写，那个单词是那样写……"，然后她就按照我的指导又写了一遍。之后，她又主动写了她想到的另外一句英文。

那么，这个时候，她为什么不拒绝了呢？在我前几次给她提这个要求时，她之所以拒绝，是因为这件事情对她来讲还比较难，所以她本能地拒绝。但是在她自己的学习发展到一定程度以后，我再提出来时，她觉得这件事好像没有那么难了。而且因为中文写作产生的自豪感鼓励了她，让她有了这样的想法——"那我也尝试下英文吧。"在这种情况下，我要进行单词检查她也不拒绝，她会觉得"这就是在帮我做得更好"。

所以在辅导孩子的时候，一方面我们希望他能够越学越多，越学越好，但是另一方面孩子的本能反应，其实是反映出学习的内容是不是在他的最近发展区，我们是不是给他提供了合适的帮助。这就会涉及父母在孩子学习当中的作用。

研究表明，非正式的儿童成人互动方式，与正式的教学或者教育经验同样起作用，甚至可能更为有效。因此我们不要低估自己的能力，我们每一个人都是很有能力的教育者，我们不像老师那样会上课，但是我们可以在生活当中通过跟孩子的互动，潜移默化地提升孩子的认知能力。

父母在给孩子搭建学习脚手架的过程中，有三个技巧供大家参考。

第一个是参与孩子的生活。只有你真的参与了孩子的生活，知道他现在在做什么、在想什么、能力到了什么样的水平，你才可以给他比较好的指引和更大的帮助。

第二个是在互动过程当中随时随地去观察。就像在孩子玩拼图的时候，你要去看他是不是自己能完成，能完成就不用帮了，他要是完不成再去帮他。其他的学习也是类似的。

第三个是及时的反馈，这种反馈更多的是就事论事。比如，针对某件事情，我们目前在哪个阶段，再做一点什么可以把它做得更好。而在事情完成之后，我们再给孩子关于整个过程的反馈。比如说："你看，你在这个过程当中是自己去想的，你是自己探索的。而且你遇到了困难，你当时是自己想办法克服的，这些都非常好！"所以基于这件事情本身的反馈和整个过程的反馈，都可以让这个孩子更好地去树立信心，他对自己的感觉会更好。在自我感觉良好的状态下，一个人是最有可能有勇气去尝试新的挑战的。

父母并不是教师，对学习中的每一件事并没有那么严格的要求，更多的是在生活中通过指导性参与来和孩子一起完成学习。这是一种非正式的学习，主要指成人或者有能力的同伴一起参与日常的文化活动。不管怎样，我们父母只要心态是好的，以孩子不拒绝帮助、愿意让我们帮助他为最合适的限度，孩子的认知能力、学习能力就会在这个过程当中逐渐形成。

如何让孩子学好一门语言？

有关语言学习（无论是语文学习还是英语学习），目前市面上有很多的公众号和教育机构给大家提供了一些方法。但是这些教育机构和公众号都还是把这两种语言学习当成学科学习来探讨的，更多关注的是如何增加词汇量、分级阅读该从什么时候开始、如何提升考试分数、有哪些考试要去准备等等。

实际上，儿童的语言获得和我们通常认为的学科学习或者课本学习非常不一样，尤其是母语学习，根本不等于课本上的语言学习。我们要从认知科学的角度理解语言学习和获得的基本原理，才能够在生活中用更加轻松的、符合孩子发展规律的方法去启发孩子的语言。

我非常喜爱并敬佩的一位认知科学家——史蒂芬·平克有一本学术著作，叫作《语言本能》。这本书学术性强，内容厚重晦涩，我从中总结了一些认知科学的基本结论。

第一，语言学习的背后是人的认知思维。 即使不能用语言表示，人的内心深处也有思维。语言是思维的外显。

第二，孩子通过日常生活的语言使用，通过概念化和图式化去自主发现和探索语言的语法结构。

第三，孩子的大脑很可能具有与生俱来的语法能力，在幼年时最为发达。

这些结论让我们知道，语言学习并不像我们传统理解的那样："去背吧，背词汇，然后去练习造句，然后做阅读理解……"**语言学习和我们的大脑发展及先天的认知规律息息相关。**

首先，我们的语言学习是先天机制在起作用。 一个小朋友和他的宠物小狗狗，每天生活在同样的环境里面，有着同样的语言输入，那为什么小朋友后来会说话，小狗狗不会说话呢？因为我们大脑里面先天装载了语言理解的模块，但小狗狗没有，所以它无论有多少语言输入都不可能学会，这显示了遗传的作用。我们的先天模块其实是一种普适模块，放在任何环境中都能适用。一个日本小朋友放在美国的语言环境里，他说出来的母语就是英语。

其次，思维到语言的形成，是先生成图像，再形成概念，最后通过语法串联成语言。 人的思维首先形成的是图像，然后形成的是一些概念，最后形成的是语言。图像我们都很容易理解，就是大脑把输入的神经信号转化成我们头脑当中的一幅画面。那概念和语言是如何形成的呢？在生活中，当我们学习一个概念时，我们是先看一些案例，然后分析它们。分析之后，我们知道哪些部分属于这个概念，哪些部分不属于这个概念，这个过程就是对概念的理解。

在这里，我们看出孩子的母语学习和外语学习有什么区别了。孩子学习母语时，并不是刻意背记词汇，而是在生活中看到了比如狗和猫，然后用相应的词汇来表征其概念认知。我们成年人学习英语，很多时候就是按背字典的方式。先背一个单词的拼写，再去背这个词对应的翻译。这种学习其实不太符合我们天生的认知发展过程：词汇积累是伴随着概念形成的，不是靠背诵，而是靠理解和识别。

最后，语言句法的学习，是核心通用模式的无穷扩展。语言学家乔姆斯指出，我们并不需要学习今后可能需要说出的每一句话，实际上我们只需要运用语法的转换法则，通过一些基本和通用的模式把句子造出来即可。举一个例子，"狗咬人"是一个核心句，我们可以将它代入不同的句子模式，例如：狗咬了人。人被狗咬了。狗没有咬人。狗咬人了吗？这启示我们，学习语言并不是穷尽所有可能性，也不是背诵它的所有规则，而是去掌握一些最最核心的句型句法，在此之上再做出无穷多的变化。

如果孩子在生活中用这样的方式去学习，就会比较简单。

比如孩子刚开始的时候只能说"抱抱",后来他可以说"妈妈抱抱",后面他可以说"现在我想让妈妈抱抱",后面又可以说"宝宝不开心了,妈妈抱抱"。这样,句子就可以做出无穷多的变化。英文也是一样的。比如最开始说"cookie",后来说"I want cookie",后面说"I'm hungry, I want cookie",后面还可以说"cookie is sweet",等等。一旦我们把这件事情理解为认知的外化,我们就会发现其实句型句法都不是特别难理解的。我们让孩子始终保持他认知和思想的发展,他就会觉得语言是很自然的事情。

我自己有两个经验。一个是在我 9 岁的时候,曾经跟随父母到英国待过一年。当时在我们的小学里面还没有开始学英语,所以我到了英国是零基础,从 26 个字母开始。我刚到英国没有经过任何的语言训练,就进入了当地的小学。第一天我连想上厕所都不知道怎么说,就用手势比画跟老师说。但一年之后,我在学校里就可以跟得上他们的正常学习了。日常跟老师和同学也都能够交流,并且可以完成他们的课堂作业。虽然英语还是不如当地孩子好,但是已经可以融入当地的学校了。我这一年所达到的英语能力其实超过国内小学好多年的积累。

第二个经验是我在研究生阶段去法国交流,当时我也是法语零基础。过去之后,经过暑假的语言培训,就进入了研究所。在语言培训班和研究所里,我都要求老师和研究员跟我用法语交流,我经常是连比带画地说,慢慢地就掌握了法语的日常对话能力。到了我回国之前,其实在研究所的日常工作,我都是跟当地人用法语交流的,也能用法语写一些简单的邮件,等等。

这两个经验都告诉我,如果我能够把自己抛入一个陌生的语言环境,去尽力地分辨其他人说出来的话,并且尝试用这种语言去表达我的意图,像婴儿一样提取周围的信息,并且像婴儿一样组织自己的语言,我就能够像婴儿一样学得非常快,用不到一年的时间,就可以和当地人比较自如地进行交流,还能够进行一些阅读和简单的写作。这样的经验确实不是每个人都有的,我自己算是非常幸运。

现在有很多人非常关心孩子的外语学习,希望孩子从小成为双语宝宝。对于普通家庭,我们没办法营造一个非常纯净的外语家庭环境,那我们怎么样用这种语言学习的原理让孩子去学好英文呢?其实我们可以在把握了孩子母语学习的一些规律后,逐步让外语学习向它靠近。

第一,通过游戏来学习。游戏肯定是有趣的,引起好奇的。而且游戏有一个特点,它是很好地让孩子熟悉概念的方式。比如有一些图画,我们让他去找单词和图画的对应关系,或者就像中文猜谜语一样,去猜英文的谜语。比如我们这样给孩子形容,"It's an animal. It is black and white. It likes to eat bamboo." 这样他就可以猜出来:"It's a panda!"

第二，可以有意识地把孩子能懂的句子用到生活里。这个其实就像我们孩子的母语学习一样。母语学习的三个必要条件：语言环境，妈妈式语言，父母的互动和反馈。这三个条件对于我们的启示是：第一要坚持输入，第二要难度合适，第三要激发应用。

孩子的母语学习有一个特点是，在他婴儿时期还根本没有办法做出任何回应，也说不出来时，家长也不着急，就是坚持输入。

第三，鼓励孩子进行更多的口头表达。在语文学习方面，有的家长问我孩子的作文启蒙怎么做。我常常建议家长在生活里先鼓励孩子，让孩子能够口头把他内心的想法表达出来，把他经历的一件事儿表达出来。他说得已经很完整、连贯、流畅的时候，你再让他把他说的东西记下来，这就是作文的一个初步启蒙。英语表达也是一样的。我们要让孩子先学会在生活场合用英文来表述自己的意思，然后慢慢再学会写在纸上。

第四，在阅读中积累词汇和句法表达。在家庭生活中，很多时候我们用到的语句都比较简单，用到的词汇也比较少。孩子如果已经基本掌握了语言的使用规则，那么我们需要做的是引导他更多地去阅读，积累词汇量，去积累更丰富美丽的表达。

前面我们总结了人类学习语言的真正认知机制是我们大脑中有语言学习模块，这个模块和我们对这个世界的认知方式是非常有关系的——通过概念来理解这个世界，区分这个世界上的事物，这个是词汇学习；通过系列句子来描述这个世界，这个是语法学习。如果我们能够让孩子学习外语就像学习母语一样，跟他的认知发展过程相匹配，就会事半功倍。如果我们逆着他的认知发展模式，让他去做背词典这样的事情，那么就会非常的费劲。这里我强调一个原则，**我们任何时候让孩子学习东西，一定是跟他现有的认知发展水平相匹配的**——我们给他的输入，以他能够听懂为度；我们让他做的输出，以符合他现在的水平为好。

怎样给孩子进行数学启蒙？

到了小学之后，识字和数学是孩子首先遇到的坎儿。识字这个坎儿很容易克服，但是数学这个坎儿，很多孩子从一年级就遇到困难，越到高年级困难越大。为了避免孩子在小学中高年级学习数学越来越吃力，很多家长想到要在孩子小时候对他们进行科学的数学启蒙。为此我们首先要知道：小学数学大纲要求学习什么呢？

整数运算，其中包括数的概念，什么是数，数数；其次是加减乘除四则运算；后面还加上一点点计量单位的学习。

分数和小数，其中最核心的是连续与可分的概念。要把概念弄清楚，知道到底什么是分数，什么是小数，然后会有分数和小数的计算。

简单几何，会涉及点、线、面、体的概念。会学习几何体是由什么组成的，以及简单的长度和面积的计算问题。

未知数与方程，会涉及将字母作为符号的用法，未知数的概念，然后有一点点简单方程的计算。

小学数学真正的难点并不是计算，一直到小学六年级计算都还是简单的加减乘除，当然需要一定的熟练度，但并不是学不会的。孩子会遇到一些难点，觉得不会做，往往是卡在了对一些基本概念的理解上。

这些基本概念为什么会难以理解呢？为什么会卡住一些孩子呢？《奇妙的心灵》这本书重点分析了两层概念的学习。

第一层是数的概念，第二层是连续与可分的概念。

数的概念指我们常常说的数感，这是一个孩子在上小学之前要培养的数学思维最核心的部分。

所谓数学思维，不外乎让孩子养成两个感觉——第一是对于数的数感，第二是对于几何图形的几何感。**数感其实是小学之前数学启蒙比较核心的部分，也是并不容易启发的部分。**

第一步是让孩子学会数数。数数并不是一件容易的事情，孩子往往需要两三年的时间才能真正学会数数。

《奇妙的心灵》介绍了数数包含着五层对应关系。孩子得了解数字的声音，1、2、3、4、5和数字表示的数量是对应的——数，既表示顺序（数数的顺序），又表示个数（当数到第5个的时候表明总共有5个），还要把写的数字和说的数字和数量分别对应起来。

对于孩子来说，这是一个很大的挑战。

如果有意识地观察两三岁的小孩子，我们会发现他们很容易说出"1、2、3、4、5、6、7、8、9、10……"这些数，但当问到"欸，现在这儿有几只小鸭子呀？"他是数不清楚的；哪怕握着他的手指头一个一个点，说："1、2、3、4、5、6，有几只鸭子呀？"他说："4个！"这个时候说明他还没有把嘴里说出来的数字和顺序上的"1、2、3、4、5、6"与数量上的总共有6个对应起来。

直到孩子经过了反反复复的磨炼，终于能够把口头上的"1、2、3、4、5、6"和总共有6只鸭子对应起来，并且能够认识6这个数字，才能够进行下一步的学习，也就是我们说的数量操作加减法的学习。

下一个坎儿是进位。进位意味着孩子得理解15前面的"1"表示的是10，那么数到1、2、3、4、5、6、7、8、9，到了10的时候，得往上进一位。进位是相对来讲不太容易理解的一个概念。算进位的加法也是孩子经常会遇到的一个坎儿，需要多花一点时间反复琢磨。计算一个9加3的问题，在孩子学习初期，可能还不会算，也弄不懂进位制，这种情况下，与其让孩子背下来得数，不如让他数数，纯靠数数的方法得出9加3等于多少。数数的过程中，孩子有自己的动脑思考，慢慢就可以靠自己琢磨出进位制的原理。

还可以有多种方法。比如把 9 和 3 放在一起,再整体地数一下是多少;或者把 9 放在这儿,然后往 9 后面加,加一个变成 10,再加一个变成 11,再加一个 12,这样子按照顺序去数;比如 9 加 1 先凑成 10,再加上 2 就是 12……

不管用什么样的方法,让孩子真正进行这样的数量操作,能够帮他理解进位到底是怎么回事。

这里确实需要用一些练习增加熟练度,但请注意,练习的目的不是增加计算量,而是让孩子能够自己反复琢磨。哪怕就做一个"8 加 4",一个"9 加 3",两道题琢磨了一小时,那也没关系,因为孩子可以通过这两道题,把进位操作想明白、琢磨清楚。一旦孩子理解了进位制,真正知道"什么是十位,什么是个位,个位到十位是怎么进上去的",后面的操作就都没有什么太难的了。

乘法不外乎是加法的外推,有的时候孩子其实不知道 4 乘以 7 等于多少,但如果能够掌握加法,起码知道 7 加 7 等于 14,14 加 14 也能算出来等于 28。

加减乘除四则运算已经占据了小学一年级到三年级的几乎所有的数学学习内容。

如果孩子三个概念都清晰(第一,什么是数,概念清晰;第二,什么是数量操作,加是什么、减是什么、乘是什么、除是什么,概念清晰;第三,进位制概念清晰),那么到小学三年级应该没有什么太难的、不会的题目，所有的应用题不外乎是拿走一些放回来一些，加了一些减了一些，最后问得多少。这种数量操作，如果孩子的头脑中能够有自己的逻辑，都是比较容易的。

小学高年级遇到的难点在哪儿呢？小数和分数的概念是卡住很多孩子的大难点，这涉及数的无限可分性。

小数和分数的概念都是由除法引入的，但是和除法很大的区别在于，除法我们可以用生活中的数量操作来进行解释。比如："把 6 个苹果分成 2 组，每组有几个？有 3 个。"即使是六七岁的小孩儿也完全明白是什么意思。

可是小数和分数涉及把一个数量分成更多的小份儿，甚至是无穷多小份儿。比如："一杯水分成 3 杯，然后其中每一小杯又分成 3 杯，每一小小杯还分成 3 杯，那么最后一杯水是原来的多少呢？"这是一定得用到小数和分数才能解决的问题。

可是很多时候没办法用整数去操作，就需要一定的想象力。而有的孩子想象能力不是特别足，不太能够理解小数和分数到底代表什么意思。这时需要让小朋友能够先用实物理解小数和分数，然后在头脑中建立起抽象概念。

父母依然不要着急，这种概念的建立往往需要花最多的时间，后面增加熟练度的练习反而花的时间比较少。前期我们越是能够让孩子充分理解什么是 3/4，什么是 1.25，后面提高熟练度的练习就越容易。

我们可以用一些实物让小朋友去理解，比如说一块比萨平均分成 8 份，其中每一份是 1/8，像这样的概念对孩子来说是比较清晰，能够认知的。

另一个好用的概念是数轴，只要我们把所有的数标在数轴上，1、2、3、4、5 标上去，然后中间画上刻度，能够把小数和分数安插到这些刻度里面，后面再进行计算的时候，小朋友头脑中能够显现这种数轴，计算出现错误的可能性就比较低，还可以用数轴检查自己的公式用得对不对。

我孩子五六岁的时候，带他参加聚会时我会问："欸！桌上有 7 个人，其中男人比女人多一个，那你觉得男人有几个，女人有几个呀？"像这样典型的小学应用题，孩子可能一直到三年级才会做。但在生活里，孩子其实可以非常容易地通过画图、掰手指头、数数等策略算出这道题的答案。

我们把数学理解融入生活当中，在生活中多跟孩子聊一聊数学，比如数豆子、算买白菜的钱、看看自己的彩笔数量、玩的时候和小朋排排队……通过具象的、很直观的数量操作和理解，让孩子对于数的加、减、乘、除、结合、交换等很多方面都有一个直观的概念，能够理解排序、大小、组合等等这些抽象概念。之后到了小学里再遇到应用题，孩子看到文字时，头脑中是可以浮现出生活中的画面的。

父母从小给孩子做数学启蒙的时候可以有意识地去观察：

他是不是理解了这个概念？他做题可能有一些错误，是不是源于概念没有理解清楚呢？

我们可以跟孩子不断地探讨这些概念，有的时候孩子面临的问题是比较爱面子，不愿意承认是自己没有学懂，更愿意说"时间太短了，我太粗心了"或者"一不小心写错了"，但这表明他对真正的概念不是很清晰。

这里需要父母和孩子有非常良好的亲子关系，让孩子在自己面前敢于承认："确实如此，我确实没懂，我确实是错了！"孩子承认了自己没懂，承认自己的错误以后，不会受到父母的强烈批评，而是能够得到"没关系没关系！咱们一起再看看"这样的鼓励。

我们要用很长很长时间不断地提醒自己，不管孩子考成什么样，不管孩子做成什么样，都不要抱着评价的态度。"欸！你看看人家都学那么好，你怎么就学不好？你看看我为你付出了这么多，你怎么就没有回报？你看看你时间都花在哪儿了？你看看你是不是没有头脑？"

这些评价性、贬低性的话语会让孩子非常没有安全感，孩子会自我保护，用一些借口去逃避，不愿意承认错误，也不愿意进行自我剖析。

如果孩子长期有安全感，不会担心因为说自己太笨了而受到苛刻的指责批评，那么他就敢于承认自己的错误，这样才能深入挖掘背后真正的原因。

当孩子能够剖析深层的原因,发现"原来我是这儿没有学会呀",然后不断地深入思考和理解,后面的学习会变得非常顺利。

父母在这时最基本的态度是要兜住孩子的底。不管孩子犯了多大的错误,有哪个地方没学好,我们都不要批评他,而是跟孩子一起反复琢磨,找到真正的解决之道。

chapter

03

性格养成

慈母和虎妈模式
究竟哪个对孩子更好？

随着社会上出现越来越多关于原生家庭的讨论，八〇后、九〇后的父母都很希望尽可能尊重孩子原有的模样，避免让自己成为孩子的心理阴影。最典型的一个场景是许多爸爸妈妈看到孩子出现的一些性格特征，比如害羞、内向、不敢主动交朋友，就经常会疑惑：是不是我的问题呀？另外一派父母主张，只有严格管教才能帮孩子塑造良好品格，对孩子就应该狠一点。他们觉得孩子哭全都是在耍花招，"佛系"的孩子最后成长得都不好。尤其是看到一些青少年犯罪的社会新闻，似乎更加证明孩子天生就应该严格管教才对。当我们看到这两派对立的观点时，会感到非常撕裂，也常常会自问：慈母模式和虎妈模式究竟哪个对孩子更好呢？

这也许是我们很多父母平时生活中的困扰。采取慈母式育儿还是虎妈式，其实都是从父母自己的角度出发去思考："我到底要更狠呢，还是更随性呢？"最常见的父母是在这两派之间反复摇摆，缺少一个稳定的标准。如果我们要有一个稳定的标准，那这个标准应该是什么呢？这个标准最重要的是站在孩子的角度去思考他们究竟需要怎样的教育，思考孩子成长的目标或方向。

孩子成长的目标或方向在哪里呢？《光有爱还不够》的作者，法国当代著名的精神分析心理学家、儿童问题专家克洛德·阿尔莫，从大量临床儿童的案例和精神分析的理论出发，介绍了儿童心理成长的目标，也给我们指明了教育的方向。书中提到，如果用一句话来回答孩子的成长方向，那就是让孩子成长为一个独立的、人格健全的人，成为一个可以和父母健康分离而独自生活下去的人。所以父母的教育方向就是帮助孩子实现这个过程，是以分离为目标的。这个目标决定了父母对孩子的爱不仅仅承担教育义务，更重要的一点是要限制自己对于孩子的占有欲。在其他爱中，施爱者致力于留住爱的对象，而在父母对孩子的爱中，父母却致力于失去后者。

阿尔莫认为，对于孩子来说，存在着一种与他的生理成长平行相似的心理成长过程。心理成长并不会像身体发育一样自动发生，而是一个特别复杂的过程，而且无法离开大人的帮助——儿童是在与家庭成员互动的基础上，逐渐形成与自己、与他人、与工作、与情感之间的关系。

如果缺少了这种心理成长，儿童就会像一只小动物一样，没办法完成从兽性到人性的转变。儿童的这种心理成长需要大人的帮助，还需要在这些帮助之间实现一种平衡，比如学会控制攻击性冲动的同时，也要学会自我保护；还需要大人给到儿童一些禁忌，将那些对孩子有害的东西暂时排除在儿童的世界之外。

书里有一段话写道："声称爱孩子，却没有为他制订任何人生计划，不教给他人情世故和处世之道，不支持他的学业，既不关心他的社会生活，也不关心他的感受，这种爱是没有任何意义的。如果情况是这样，那么所谓爱孩子，其实也就是在表达一种感情而已……"

所以父母与孩子之间的爱并不局限于在温情中彼此给予的快乐。名副其实的父母之爱必须伴有一种任务意识，这个任务就是履行对孩子的教育义务。

父母对孩子的爱还必须要限制自己对孩子的占有欲，要意识到父母的爱终有一天指向分离，而不是永远地把孩子留在身边。所以父母之爱只有满足两个条件才是真正的爱：一是父母为了孩子长大成人，在各方面都能向孩子提供他所需要的物质；二是在这么做的时候，父母要清楚地意识到，这些付出只是为了有一天孩子能够离开他们，依靠自己的翅膀自由地飞向另一片天空。

为了孩子独立人格的发展，我们要做的事情是帮助他度过有利于自己成长的一个个小痛苦。我们一方面不能够抛开他说：

"啊,你自己痛苦去吧,我不管你!"也不能说:"哎呀,你痛苦了,回来吧,我们永远也不分离!"这两种都是不好的,我们真正应该做的是让孩子去克服那些痛苦,让他真正能够成长起来,拥有独立的人格。在这个过程当中,我们去帮助他、鼓励他、给他勇气。

比如鼓励孩子离开爸爸妈妈的大床,让他独立睡眠。通常情况下,这需要一个比较长的过渡期,孩子和父母都会感到一些痛苦。孩子总是想回到父母身边,这种摇摆、反复的状态对孩子和父母而言都是一种煎熬。父母此时的作用是帮助孩子度过这段过渡期,理解孩子需要父母的帮助、支持和鼓励。如果我们训斥孩子胆小,那就没有起到支持的作用;如果我们不想承受分离的痛苦,让孩子回来睡,也不是一种健康的支持。我们要做的是承认孩子的痛苦,温柔、坚定地对待他,但最终还是要帮他克服这种痛苦,让他能够自己独立地入睡,表扬他的勇敢之处,肯定他的进步。这个过程对于孩子并不容易,对于父母也不容易。

现在我们已经从总体上知道,对孩子既不能够无条件地宠溺,也不能强力镇压。很多父母也知道这些理论,但就是对于操作的尺度比较难把握。下面我们总结了一些在具体管教中的操作性原则。

第一个原则叫"爱的调节"。它的前提是父母对孩子有很多的爱;孩子非常在意父母对自己的爱,也很担心父母不爱自己。

在这种情况下，我们可以在孩子做出错误行为时，表现出情感上的失望，当孩子非常在意这种爱时，他会感受到这种情感上的失望，他因为不愿意父母不爱自己，或者不愿意父母伤心，就会约束自己的行为。

比如当孩子对父母拳打脚踢，我们就不能再开开心心地说"哎呀，你好可爱呀"，而是说"你这样不行，会让我非常伤心"。孩子感受到父母的这种伤心时，就会约束自己的行为，让自己不再这样做。

第二个原则是管教孩子时，既不要否认孩子的欲望，也不要剥夺孩子的快乐。 孩子在很多时候受唯乐原则的支配。从唯乐原则转向唯实原则并不意味着孩子的快乐是错误的，也不是说孩子必须放弃对快乐的渴望。我们只是要引导孩子去改变追求快乐的方式，从眼前的及时行乐变成延迟满足，或者用更加理智、更好的方式去追求这种快乐。比如一个婴儿的渴望，从幻想中的奶瓶转向了实际的玩具，他仍然保持着对快乐的生理性追求，只是改变了满足的方式。

我们教育孩子时，也不是要否定或者消除他原本的欲望，而是帮他发展出更实际的、更符合社会规范的满足方式。比如对于一个想要吃糖的5岁孩子，如果我们否认他的欲望和快乐，我们可能就会说："哎，你怎么这么喜欢吃糖呢？"似乎喜欢吃糖这个欲望本身就是错误的、羞耻的。其实这样会对孩子的心理造成一定的影响。我们可以承认他这种欲望本身是正常的，只是需要改变他吃糖的方式，我们可以说："哎，我知道你很喜欢吃糖，我小时候也喜欢，但吃糖太多了不好。我们现在根据规则，今天只能再吃一颗，而且你吃完了一定要去漱口。"这样孩子并不会对自己的欲望感到羞耻，他也会知道自己的行为需要受到约束。

第三个原则就是保持稳定的标准。我们大人在管教孩子时需要言行一致。我们要求孩子服从社会规则，就要向他耐心解释，这些规则不是我心血来潮突然为你制定的，无论是大人还是小孩，都需要服从这样的社会规则。大人也需要用实际行为来证明自己言行一致，证明自己确实也在遵守这些规则。

举一个具体的例子，如果我们要求孩子不可以打人，我们也就不能随意打孩子。如果你一边告诉孩子无论如何都不能动手打人，第二天就因为孩子不听话揍了他一顿，你猜猜孩子会怎么想？他最有可能的想法是："原来大人可以打人，小孩不能打人，那等我长大了就能打人了……"这种不稳定的标准会让孩子感觉这是不平等条约，也会让他在成长过程当中不断尝试去突破自己的边界，他会觉得大人是在用权威强加给自己不公正的条约。那等"我"有了武力，等"我"长大了，"我"就可以突破这些规则。他不会觉得这些规则是道德上的约束，只会认为它们是身体条件和武力上的约束。

第四个原则是父母在帮助孩子适应社会、促进孩子独立的时

<u>候，一定要对自己说的话非常相信，对自己为孩子所树立的价值标准有着真正坚定的立场</u>。这一点之所以重要，是因为我们大人经常表里不一，很多爸爸妈妈嘴上说着希望孩子独立，但在行为上却无意识地透露出对分离的焦虑。

比如第一天送孩子去幼儿园，父母理智层面肯定很希望孩子顺利地走进教室，但是内心却对孩子有着千般担心、万般不舍，甚至希望孩子和自己一直依恋下去。结果孩子还没哭，父母的眼泪就先哗哗流，或者孩子刚一哭，表现出不愿意跟家长分离，家长就赶紧把孩子抱回来说："哎呀，我也不愿意跟你分离，那咱们还是回去吧！"孩子一旦捕捉到这些情绪，就会产生对它们的认同，会更加难以进入幼儿园。

父母之爱是一种有力量的爱，这种力量就体现在父母要去承接孩子被剥夺快乐的痛苦，以及管教过程带给父母自己的痛苦，破除纯粹的快乐幻想。 当我们能够意识到这一点，也就不会因为管教孩子时剥夺了他一些快乐而感到愧疚，不会拿是否甜蜜作为衡量教育的唯一标准，也就更有力量在合适的时机给予孩子恰当的管教。**父母的爱是孩子闯荡世界的盘缠，持久地给孩子爱护、教导、帮助和温情，不是为了把他留在身边，而是为了让他能够渐行渐远，最终远离父母，在另外一个地方开始自己的生活。**

慈母如果不能让孩子理解与人相处的规则，是不利于孩子的健康成长与分离的；同样，如果虎妈塑造的是只屈服于强势打压、不懂得独立思考和自我约束的孩子，也是不利于孩子的健康成长与分离的。在这种情况下，慈母也不好，虎妈也不好。

只有在安全有爱的环境中培养孩子的独立自主，与此同时在必要的时候施加边界限制，才能培养出既独立又负责的健康个体，他未来才能走向个人成功之路。

怎么让孩子有好的人际关系？

我们在生活中常常能看到儿童与不同的人建立关系的能力有着很大差异。有些孩子比较容易信任其他人，在不同阶段都能交到知心朋友，长大成人后谈起恋爱来也如鱼得水。他们未必是最聪明最成功的，但却有能力维持健康幸福的亲密关系。但是有的孩子在人际关系中却困难重重。一种困难是很难对他人交付真心，很难真正信任、依赖别人，也很难接受别人的依赖，一旦关系变得更加亲密，这类人就总想逃避。另一种困难则是高度控制关系中的另一方，无法忍受片刻的分离，在关系中高度紧张，让别人感到窒息，最后以关系破裂收场。这种与别人建立关系的能力差异和什么有关呢？

生命之初，所有孩子都对外部世界充满兴趣。但是进入学校后，不同孩子的社会理解能力却出现了很大的差异，这种差异主要就是由亲子关系的质量差异造成的。如果父母在儿童早期没有给予足够的回应，就无法引起婴儿对外界的兴趣，进而影响到孩子对社会的理解能力。安全型依恋的孩子，更加容易形成独立的人格，更容易与他人建立良好关系，实现与父母的健康分离。安全型依恋也与积极的人格特质、更强的社会能力密切相关，特别体现在与同伴和成人的亲密关系方面。因此，**我们想要培养孩子好的人际关系、好的社会人格，就应该致力和孩子建立安全依恋的模式。**

儿童心理学的百科全书《儿童心理学手册》认为，影响人格的因素有很多很多，比如他的先天气质、情绪发展、同伴关系等等。其中，社会人格是孩子是否有健康独立人格的决定因素。什么是社会人格？心理学家们给出了这样一个定义：社会理解、社会关系、自我以及道德的发展构成了发展中的个体和社会交互作用的最重要方式。这些主题正是近十年来社会人格研究中最受关注的内容。书中的研究文献主要涉及早期社会人格发展和发展中的个体等主题。

第一，关系是核心。的确，不管是对个体的情感、道德还是信念的研究，关系经验都可以赋予这些问题以新的理解。这种发展性的关系科学可以将依恋理论、最新的"社会文化-历史"理论（源于维果斯基，认为人是在"社会文化—历史"的影响下进行发展）、认知发展的社会语言学观点以及其他一些观点中最有价值的部分加以整合，以深入理解早期关系经验怎样促进基本能力的形成，怎样决定了思维、社交能力和个性发展的差异。

第二，共享活动非常重要。由于关系经验是很重要的，所以对早期社会人格发展的最佳理解并不是用社会化或者建构主义的观点，而是用共享活动的观点。相对于较为传统的社会化观点或者建构主义观点，共享活动理论更有助于整合早期社会人格发展中的社会和认知因素，进而有可能产生更为准确的理解。简单说来，儿童和看护者同时在场、共同参与并且共享内心世界的那些活动，比如爸爸妈妈在日常生活中与孩子对话、当孩子犯错时给予管教、和孩子一起游戏，都属于共享活动。共享活动的关键是共享，看护者与孩子通过交流共享彼此的内心世界。

第三，儿童初期的思维和理解是后续发展的概念性基础。年幼儿童以自我为中心，但通过父母认知其他人。如果在儿童的早期强调这些作为后来的社会认知、道德判断和自我理解等发展的基础的有关内容概念，那么早期所形成的各种关系及其相互作用的经验就可以确立一种适宜的情境，以促进以下特质的形成：移情、对他人的人本态度、平衡的自我概念、形成亲密关系的能力、社会敏感性以及儿童中期和青春期所需要具备的其他一些能力。

书中有很多学术名词，如果父母觉得有点晕乎的话，可以记住一点：**关系先行，教育随后。关系中最重要的是亲子关系，**

亲子关系足够好，孩子适应社会的能力就强。比如有很多父母会问我："景芳，怎么才能帮助孩子提高社交能力呢？"一种思路是教给孩子社会交往的技巧，但《儿童心理学手册》告诉我们，也许更有效的思路是增进父母与孩子的关系，与孩子形成安全型依恋模式，提高孩子对社会交往的兴趣，在亲子关系中帮孩子增进理解他人情绪、意图的能力。

我有很多心理咨询师朋友，他们在接手青少年儿童个案时，其实也在运用着关系原理。在心理咨询流派里，有一个就叫关系取向。专业的心理咨询师并不是一上来就和孩子们讲道理、调整他们的想法，而是会非常小心、谨慎地去营造关系，他们告诉我，有的时候只要关系足够好，孩子们的问题自然就消退了。关系即治愈，这也是人本主义大师罗杰斯的中心思想，对于我们育儿，也有着深刻启示。

既然安全型依恋对孩子的心理发展、人际发展有着这么重要的作用，那究竟有哪些因素在影响孩子的安全感呢？育儿过程中我们可以做什么，又要避免做什么呢？

首先，专家们认为，看护者对婴儿的感受性是影响安全型依恋形成的核心因素。

感受性是指什么呢？我们举一些感受性很好的例子来说明。比如，婴儿在夜晚扭动哼唧，妈妈经常能第一时间醒来，敏锐捕捉到这个微弱的信号。婴儿哇哇大哭，陌生人听来每种哭声都差不多，但是经常照顾婴儿的人却能分辨哪种哭声是饿了，哪种哭声是求抱抱，并且能够及时给出准确的回应。依恋理论之父约翰·鲍比认为，感受性就是指"对儿童的尊重"，感受性也包括照顾者对婴儿友善、合作、协同互动的态度。研究发现，母亲的感受性越好，婴儿的依恋安全感就越高，孩子的依恋安全感可以通过看护者的心理特质来预测。

其次，看护者自己的依恋类型也会影响感受性，看护者在童年时期与自己的看护者之间形成的依恋模式，其实也会影响成年后照顾孩子的模式，上一代的养育模式传递到下一代的养育经验中，这就是著名的"代际传递"。

比如，一个女孩从小是在冷漠、被忽视的家庭里长大，形成了回避型依恋模式，当她成为母亲后，也常常无意识地用类似的关系模式回应孩子，孩子也容易形成回避型依恋。当然了，父母也不用对代际传递过于悲观。精神分析家们认为，虽然依恋模式会代际传递，但是不安全依恋的父母只要对自己的成长经历有所觉察和反思，在育儿过程中能够主动克服那些负面因素，就有可能切断代际传递，养出安全型依恋的孩子。

再次，研究证实，依恋安全感与先天气质关系不大，但是，儿童的先天气质会影响父母的教养方式，而教养方式又影响着依恋安全感。在依恋模式的形成过程中，儿童并不是被动接受塑造的一方，他们也发挥着主动的作用。

最后，通过婚姻质量也可以预测儿童的依恋安全感。尽管父母双方可能对孩子都是有感受性的，但是孩子可能因为父母的争吵和冲突产生焦虑，影响依恋安全感。如果家庭内部存在严重的危机，比如家庭暴力、酗酒、吸毒等等，这些因素会直接影响孩子的依恋安全感，哪怕父母对孩子再有感受性，也难以抵消这些危机的影响。

当我们知道感受性对孩子很重要以后，也可能会引发新的焦虑：我需要拥有多强的感受性才能达标呢？我要时时刻刻都迅速给到孩子最合适的反应吗？这个问题也有相关研究，结果发现：父母的感受性对依恋安全感的影响并不是始终如一的。当儿童处于困难状态时，父母的感受性对孩子的影响就大；当儿童处于轻松愉悦状态时，父母的感受性对孩子的影响就小。这给我们什么启示呢？**成为一个有感受性的父母，并不需要时时刻刻都对孩子的内心保持高度关注，而是在孩子遭遇真正的困难时，给予全情的关注、理解和安抚。**

比如，当你正在赶一个PPT时，正在客厅玩积木的孩子跑过来央求你："妈妈妈妈，我搭了一个大房子，你快来看看呀！"而你实在没有时间仔细去看他的房子，只好随意敷衍几句。这当然不是一个感受性很好的时刻，但孩子此刻的状态是积极愉悦的，因此不用担心这种敷衍会给孩子造成什么伤害。但是如果这个时候孩子跟你说的是"妈妈，我今天在学校被小朋友嘲笑了，他们说我是丑八怪"，你也感觉到孩子此刻很伤心难过，他正在遭遇着自己难以处理的同伴关系危机、自我认同危机，那我会建议你先放下手头的工作，去理解孩子真正经历了什么。即便当时来不及沟通，事后也一定要对这件事情给予充分的关注。如果能在这些重要时刻体现出感受性，就有利于帮助孩子形成依恋安全感。

依恋安全感和孩子能否建立良好的人际关系密切相关，尤其对成年后能否进入亲密关系影响巨大，甚至塑造着我们一辈子与人打交道的模式。 令人欣慰的是，依恋安全感在孩子成长过程中并非一成不变，只要父母积极改变反应模式，孩子就有可能从不安全依恋转变为安全型依恋。

无论何时，我们都可以做一个对孩子更加敏感的高感受力父母，我们越是能理解孩子、与孩子共情，越是能在孩子有情感危机的时候和孩子站在一起，他们的关系能力就会发展得越好，将来在社会中也就越容易成为社交能力强的成年人。

熊孩子犯错了，究竟能不能打呢？

有的时候熊孩子犯起浑来撒泼打滚，说了无数遍道理还是不听；孩子故意调皮捣蛋酿成大错，除了打一顿，好像真的想不到更好的法子。

在传统的中国家庭教育中，也流传着很多金句，比如不打不成器、棍棒底下出孝子、三天不打上房揭瓦等等。责打似乎是传统教育中培养好孩子的必备一环。

于是接受过现代科学育儿理念的父母就会疑惑：教科书上写着要亲密育儿，每年的 4 月 30 日还是"国际不打小孩日"。我们在意识层面都知道，开明的父母不应该打孩子，我们也挺担心严厉的打骂会给孩子造成内心创伤或心理阴影。

能不能打孩子，是一个非常现实也非常具体的问题。为什么很多时候，责打的惩罚是无效的？因为它可能并不像我们想象的那么有用。

这个结论,并不是我个人的主观观点,它来自一本经典心理学入门著作《心理学导论——思想与行为的认识之路》,这本书在美国的读者超过了 250 万人,书里对惩罚进行了详细的阐述。

为什么惩罚在很多时候不能产生作用?

一、从本质上讲,惩罚令人厌恶、痛苦和反感。

惩罚的本质是一种经典条件反射。什么是经典条件反射呢?

大家可能都听说过那条著名的狗狗——巴普洛夫的狗。一摇铃铛,就给狗狗一根肉骨头,摇铃铛总是和好吃的一起出现,训练一段时间,下次只要摇铃铛,哪怕不给食物,狗狗也会流口水。

这是哺乳动物大脑记忆的特点:一起被大脑记录的东西,就会一起重复出现。

惩罚总是给惩罚对象带来负面的感觉,让孩子厌恶、痛苦和反感。与惩罚相关的人或者情境,也就往往使得孩子感到恐惧、厌恶和憎恨。如果一件事情和负面情绪共同被大脑记录,当这件事再次出现时,负面情绪就会出现。

比如,孩子不睡觉就会被惩罚,那么睡觉这件事情带给孩子的感受就是被逼迫、被指责,下次他看到床就会反感。

再比如，我们想让孩子写作业，可是孩子一写错，我们就打孩子。那孩子下次再看到书桌、看到作业本，他自然而然条件反射，就会觉得厌烦和痛苦。

二、惩罚会引发孩子的逃避和回避。

《心理学导论》里的研究指出，逃避和回避在日常生活中经常出现。如果一个人总是处于受惩罚的情景下，就会出现逃避和回避的想法。

比如当孩子认为他们会受到父母惩罚的时候，他们会马上跑开，到后来他们可能会撒谎，或者尽量待在外面不回家。跑开是一种逃避，撒谎和不回家是一种回避。

这个行为模式也能很好地解释为什么很多孩子会说谎。说谎的原因，部分和孩子的道德发展水平有关，也有一部分和孩子对说真话后的预期有关。如果说了真话，可能遭到严重的惩罚，或者是苛刻的贬低，那孩子就会用谎话来回避惩罚。

三、惩罚极可能引发孩子的攻击行为。

攻击行为是人们遭受挫折后最常见的反应。惩罚为攻击行为的学习营造了极为适宜的环境。

当一个孩子被打之后，感觉非常挫败，他就会通过攻击宣泄自己心中的怒气和这种挫折感，发泄之后，他会感觉良好。这样攻击性行为就得到了强化，并且在以后挨打、受惩罚的时候还会再次发生。

当危险来临的时候,生物有"逃跑"本能,但是当无法逃避时,就会背水一战。

孩子总归是弱小的一方,不可能每次都能逃脱大人的惩罚,他们的谎话也不可能每次都奏效。当谎言被戳穿,孩子战斗的程序被迫启动,开始进入临战状态,就会像绝望的小动物般破釜沉舟,不顾及周围环境地大喊大叫,拳打脚踢,像陷入疯狂一样。

厌恶、逃避和反击,是任何训诫必然面对的三座大山。这就是为什么我们很难用打骂教会孩子。不是不可能,是实在太困难,而且副作用多多。

如果不小心已经打过了,那又要怎么办呢?打骂真的会给孩子留下心理阴影吗?我们也有一些朋友(甚至是我们自己)是从小被打到大,为什么现在还是健健康康的呢?

我有一个朋友跟我描述,他小时候妈妈就总是打他,但是他跟他妈妈感情还是挺好的,也没有什么心理阴影,这是怎么回事呢?

他说其实小孩儿最能够分得清到底是自己犯了错,还是家长拿自己撒气。

他小时候是那种很皮的小孩儿,当他惹祸或者不好好练习时,他妈妈就过来打他一顿,还给他讲:"知道我为什么打你吗?我打你是因为你偷懒,总想走捷径。"在这种时候,他自己是认可妈妈对他的管教的。

实际上,在生活的其他很多方面,他妈妈都会加强跟他的情感联系,他们平时的沟通和感情都很好。这种情况下,长大之后他和妈妈的关系并不会因为他妈妈的责打而受到影响。

如果亲子关系非常好,方式别太过分,偶尔、适度的惩罚不会造成太坏的影响。其中最关键的一点是孩子的感受,孩子要感受到的不只是父母的责任之爱,还有对他整体人格的认可之爱。

聪明的孩子最擅长捕捉父母无意识的、没有用语言表达出来的情感。如果父母潜意识里觉得孩子就是不好,本身就是有缺陷的,那么孩子是能从空气中察觉出这种信号的。

有时候能打,有时候不能打。很多爸爸妈妈听到这个结论,就对"有时候能打"充满了兴趣。究竟怎么打才是正确的呢?我们一起看看什么样的惩罚才是有效的,以及什么是正确的惩罚打开方式。

什么样的惩罚是有效的?

《心理学导论》写道:惩罚的效果很大程度上取决于惩罚的时间、一致性和强度。

时间是指惩罚是否足够及时。研究发现,当某个行为正在发生,或者刚刚发生,立即给予惩罚,才能取得最佳效果。

一致性是指惩罚是否有统一的标准,同一个不良行为出现后,是每次都有惩罚,还是偶尔才有呢?家里的狗狗在沙发上尿了 15 次,但只有偶尔一两次受到惩罚,或者是尿尿很久后才受到惩罚,就不太可能奏效。

在强度上,轻度惩罚只能暂时抑制某个反应,重度惩罚对于制止行为有特效,但会让人产生极度厌恶和反感的情绪,并且可能产生永久抑制的作用。

什么是正确的惩罚打开方式?

我们惩罚的目的,是希望引导孩子的行为。**行为塑造的基本方法有三种:给予鼓励强化行为,不给强化使反应消退,通过惩罚抑制反应**。心理学家认为,在塑造行为时,这三种方式结合在一起,效果最好。

一开始多一点鼓励,对某些不良行为直接忽视,不得已时再给予惩罚。在采用惩罚这种方式时,要特别注意以下七个要点。

第一,避免使用严厉的惩罚。惩罚太严厉,虽然可以有效抑制孩子的不良行为,但也会造成严重的负面效应,让孩子产生消极情绪,逃避和回避,增加攻击行为。严厉的惩罚也容易上升为羞辱、虐待,比如打孩子耳光,就不仅仅是一种身体上的惩罚,还带有心理层面对自尊的羞辱,这种惩罚是孩子难以承受的。

第二,尽量使用最轻的惩罚。虽然太轻的惩罚效果不是最好的,但是在"应急"情况下,轻度惩罚非常有效。比如孩子要用手去摸插座,最严厉的惩罚就是让他真的被电击,轻度惩罚则是打一下孩子的手心,在他要去摸的那个时刻,打手心已经足以抑制摸插座的冲动。下一次还想去摸,我们通过示范"打手心"这个动作,也能让孩子回忆起惩罚。惩罚手段要直接针对不良行为,想摸插座,最好是打手心,而不是打屁股。

第三,在不良行为正在发生或发生后立即给予惩罚。如果错过了孩子捣乱的时机怎么办呢?那可以等到同样的行为下一次出现时再给惩罚。

第四,保持惩罚的一致性。大人首先要想清楚究竟哪些是必须要用惩罚的不良行为。规矩太多,动不动就用惩罚,大人很累,也没什么效果。想清楚家庭里的底线,提前给孩子口头警告,给予孩子改正错误的机会,真的突破底线时,态度一致地给予惩罚。

第五,使用对抗性条件。我们除了用惩罚使不良行为消退,同时也要用奖励来强化与之相反的良好行为。比如,孩子写作业拖拖拉拉,这是个不良行为,可以用收走看动画片的权利来抑制拖拉;同时,当孩子专心、投入地写作业时,要及时给予一个奖励或表扬。对抗性条件的作用是让孩子不仅知道什么行为是错的,还知道什么行为是对的。

第六,预估到孩子的愤怒。有时候家长打孩子,孩子不仅不认错,而且还顶嘴,家长会更加生气:"什么?你竟然敢顶嘴!"很明显,家长没有预料到被惩罚的孩子其实会很愤怒。惩罚时,请记住孩子生气是非常正常的,不要因此反过来强化自己的愤怒情绪,也不要因为生气加重惩罚。我们惩罚的是他的不良行为,而不是他的愤怒情绪。

第七,以善意和尊重的态度进行惩罚。正所谓对事不对人,惩罚时针对孩子某一个具体行为,不要对孩子的人格、所有行为全盘否定。当我们意识到自己有着强烈的愤怒时,就不是惩罚的好时机,因为我们很难保持善意和尊重。敌意、贬低会被孩子感知到,并吸纳到自我评价中,让他们觉得自己不是一个好孩子,不值得被爱。

管教的前提是关系。如果亲子关系足够良好,惩罚孩子的同时伴随充分的理由解释,那么偶尔打一次也没太大关系;反之,如果亲子关系本来就很僵,爱的储备并不充足,那么简单粗暴的打骂不仅起不到管教作用,反而有损于孩子人格的形成。

如果你觉得很难教会孩子规矩,那么可以试着在教东西时减少惩罚,多使用赞美,把欢乐的情绪和这种规矩一起植入孩子的大脑。

如果你苦恼于孩子不说真话,那么请你改变听到真话后的反应,无论孩子犯了多大的错,至少要认可他的真诚,这种认可就是积极强化,可以增加孩子说真话的动力。

如何培养孩子的抗挫折能力？

你的孩子，他在困难面前表现得优柔寡断吗？他会不会一开始豪气十足，但真的碰到挑战就缩手缩脚、裹足不前？他在任务面前常常显得懒惰、注意力不足吗？鼓励、奖励通通无效，责骂、惩罚更容易适得其反，无计可施的父母不禁感叹，这一届孩子的抗挫折能力怎么这么差！

如果我们跳出具体行为追溯根源，孩子的问题是缺乏信心，也就是过于低估自己。这个结论来自心理学家阿德勒的《儿童的人格形成及其培养》，这本书详细阐释了儿童的行为逻辑，也就是孩子为什么会有某些行为，为什么会形成某些性格，为什么会出现各种各样的问题。阿德勒认为，生理条件的天然弱势，让每个儿童都有内在的自卑感。

正常的自卑会刺激儿童改善个人的处境，促使其追求卓越，过度反常的自卑则会形成自卑情结。自卑情结使孩子迫切需要得到容易的满足和似是而非的满足，但它同时又堵死了通往成功的道路。因为过度的自卑，孩子会夸大遇到的困难，削弱自己的勇气。

一个失去信心的孩子很容易从现实中退缩。最常见的退缩就是面对任务时犹豫不前，不是想着如何完成任务，而是把注意力都放在了限制上——比如，我的时间不够，我准备不够充分，我从没做过这件事情。下意识的"我不行"，让孩子为自己的退缩寻找无数个理由。

还有一类隐蔽的退缩，体现为无缘无故的严重拖延、丢三落四。拖延症，是让很多父母头疼的问题，早上上学、写作业，都需要三番五次的催促，父母越催孩子越拖，形成了难以解决的恶性循环。拖延，可以理解为化了妆的退缩，对完成眼前的事情丧失自信，策略就是拖着不去启动它。丢三落四也是常见情况，今天忘了语文书、明天忘记文具盒，难道真的是孩子记忆力不好吗？长得几乎一样的奥特曼，他们记得可清楚呢。其实忘记与学习有关的东西，可能只是意味着他不情愿与学校发生关联，不想完成学校的任务。

还有一种退缩，则是连孩子自己都意识不到的行为。有的孩子一到考试就发烧、腹泻，带去医院检查，会发现他们并不是装病，而是真的病了。但是询问病因，生病前后都是照常饮食，没有吃什么不干净的东西。偶尔一次算是巧合，每次都这样，而且检查不出器质性的问题，那多半就是心理原因造成的：如果我真的生病了，那就不用面对考试可能带来的对自尊的打击，就算考不好，也没人会说是我的智力有问题。强烈的焦虑和暗示真的可以让身体生病。

自我肯定才是人前进的动力，在人生的早期也就是儿童阶段，我们很少看到"越挫越勇"的孩子。孩子自我否定之后，就放弃追求、放弃努力，因为"努力不足"这个理由可以为失败开脱。从现实退缩以后，孩子可能会转向消极的方面进行补偿。

比如一个几乎把所有时间都用于穿衣打扮的孩子，并不是真的不爱学习，只是他在学习上遭到太多挫折，于是开启了自我保护机制：反正不能成功，那不如放弃努力。我只要不努力，就可以对自己说"我只是没努力而已，要是努力肯定行"。

《儿童的人格形成及其培养》一书中，阿德勒相信，人性和对优越感的追求紧密相连。人人需要自我认可，人人都有上进心，都希望卓越，要成功、要被关注、被爱、被尊敬，只是每个人的表现形式不同，而追求卓越程度的差别主要由孩子自信心的大小决定。

所以在教育孩子之前，应该首先鼓起孩子的勇气，使他们相信自己的能力。孩子要取得持续的进步，必须有独立性，这只能通过我们培养。也就是说,一个具备勇气的孩子,能够弥补其他能力上的不足。

有一段时间,晴晴不喜欢写每天的日记。有时候只为了这一项作业,就能拖上几个小时。放学后很快把别的作业写完,日记却拖到9点半也不写。我花了好长一段时间了解原因,后来发现,她就是会写的字太少,大部分时候想写的句子有很多字不会写,于是就一直拖延。于是我们商量日记内容之后,我先帮她把整句话写在一张纸上,她再抄在作业本上,这样就能完成作业。这种被具体内容难住导致的问题,只要我们父母积极去倾听和接纳,找到困难点,就能帮助孩子克服难题。

另外一段时间,晴晴整体情绪不高,对她原来很有兴致的计时口算,都没了兴趣。以前她一向认为自己擅长数学,在家做口算的时候,总是主动要求计时。后来在一次外出的路上,我才慢慢了解到缘由。期末那段时间晴晴几次测验成绩都不突出,也没获得什么奖项,因此她整体有一点自我怀疑,不那么相信自己是个优秀的小朋友,对作业也失去了兴致。这种因为挫败感而退缩的情况,解决起来稍微困难一些,需要让孩子了解学习数学的意义,在学习过程中不断感觉自己的进步和成就,重新建立对数学的自信心。

具体该如何帮助孩子克服自卑,引导他们追求卓越,提高他们的抗挫折能力呢?阿德勒给了我们三个方法。

方法一：培养社会情感。

社会情感，是指让孩子感到他和社会是紧密相连的，让他愿意了解这个社会，对社会形成积极的态度，愿意参与社会的运行，在社会中实现自己的价值。

那些没有足够多的社会情感支撑的人，一旦遇到一点问题，就会害怕，他们不去想怎么克服困难，而是常常抱怨，觉得周围的世界出现了问题，或者认为自己的能力不行，或者觉得自己选错了道路。过早放弃，难以坚持，也就谈不上追求卓越。缺乏社会情感的孩子，对与人交往不感兴趣，很多能力都没办法发展。

我们可以通过恰当的回应，培养良好的亲子关系，从而帮助孩子发展与社会打交道所需要的理解能力、沟通能力。与此同时，父母要逐渐放手，引导孩子对家庭以外的人充满兴趣，并且能够尊重其他人。

方法二：引导孩子对世界的理解。

阿德勒认为，决定孩子成长的因素既不是他的客观能力，也不是所处的客观环境，而是孩子对于客观现实的看法，以及他对于自己与现实之间关系的理解。

比如一个孩子惧怕当众朗诵，这和他真实的演讲能力无关，也和班上究竟有没有人笑关系不大，主要在于他究竟怎么看待自己的能力，怎么理解外在的评价。

有的孩子其实表达能力并不太好，但他就是敢上台滔滔不绝,有同学发笑,他会认为这没有什么,或者这可能是小朋友在鼓励自己。但是,自卑的孩子即便很会朗诵,也不敢上台,哪怕同学的笑没有恶意,他也会深受伤害。因此,帮助孩子克服自卑,需要父母和老师去倾听孩子对现实世界的理解,当这种理解出现偏差的时候,就应该帮助孩子去澄清和纠正。

那么,当孩子大哭,不想上台的时候,我们可以怎么做呢?可以先抱抱他,告诉孩子感到害怕很正常,然后告诉他爸爸妈妈和很多人小时候也这样。然后问问他:在担心什么呢?担心的背后还有什么?除了这样想,还有没有其他的理解角度呢?如果换一种看法,心情会不会不一样?要理解自卑,也要看见卓越,这并不矛盾,所以我们的目标也不是非要让他这次就上台,而是通过一个又一个类似的契机,让他知道失败也没关系,帮助他逐渐克服过度的自卑,合理追求卓越。

父母保持稳定的情绪、接纳的态度,才能实现良好的沟通。足够好的亲子关系,则是我们引导孩子理解现实的前提。

方法三:树立有意义的目标。

简单说来,就是帮助孩子树立一个有利于他人、有利于社会的目标。如果孩子追求的目标有社会价值,那他们的行为就有真正的用处,在努力的过程中就能感受到追求目标的价值感。

比如,一个孩子如果只是为了证明自己很厉害而拼命学习,这个目标会让他把注意力都集中在自己身上,和他人无关,我们就会发现这样的孩子很容易患得患失，遇到挫折之后容易暴躁愤怒，或者一蹶不振。如果一个孩子是因为对知识感兴趣而学习，是为了解决一个具体的问题或者帮助他人而学习，遇到困难的时候则会更加积极地去面对。不难看出，有意义的目标，与孩子是否有足够的社会情感相关联，只有帮助孩子发展出充足的社会兴趣，他才有可能树立促进社会发展的目标。

有意义的目标，不一定非得多宏大。我们依然可以利用日常的亲子聊天，多和孩子聊聊每件小事情背后的价值，比如：学会说话其实是为了能和他人交流；学习数学其实是为了更好地认识世界，世界上很多事情都和数学有关，数学是全世界通用的语言。如果我们能把目标从静止的学习成绩上抽离出来，也是在帮助孩子重新看待自己的行为、目标和理想。

总而言之，在帮助孩子超越自卑、提高抗挫折能力的路上，良好的亲子关系是基础，理解、鼓励这些积极的态度是法宝。 了解并应用以上三种方法，相信终有一天，孩子能自信从容地面对困难和挑战。

孩子没有规矩怎么办？

孩子非要在地上吃饭，到底该管不该管？已经刷过牙该睡觉了，突然要喝酸奶，给喝还是不给喝？孩子非要先玩再写作业，到底是同意还是不同意？都由着孩子来，担心会惯坏他；拒绝孩子，又担心自己是不是规矩太多，破坏亲子关系。

生活中吃喝玩乐的琐事，是亲子冲突最大的来源，每件小事都有可能导致争执、对抗，该如何尽可能平静地处理这些冲突呢？答案是"有边界的自由"。

边界是一个家庭的底线。如果这个边界设置得合情合理，在边界以内给孩子充分的自由，那么父母和孩子的冲突会少很多，危机产生的次数将大大减少。有边界的自由，不仅能让父母少生气，也是孩子最期待的成长环境。

该如何理解有边界的自由呢？给大家推荐一本我个人非常

喜欢的经典好书，来自美国儿童精神分析专家塞尔玛·弗雷伯格的《魔法岁月》。

这本书主要讲述了 0 到 6 岁孩子的心理发展和内心世界，它和其他心理科普书籍最大的区别在于，作者真正站在了儿童的视角，走进了儿童的内心，为成人世界认真介绍了儿童的小脑瓜里在想什么。这本书语言幽默风趣，通俗易懂，读起来并不吃力，但是作者其实是理论功底很强的儿童心理专家，是美国幼儿心理健康和发展精神卫生治疗领域的创始人之一，所以不必担心这本书的专业性。

家里的熊孩子不听话，总要和父母对着干，比如把妈妈的口红抹在沙发上，或者不愿意洗澡，决不刷牙，似乎都是小事情，但是经历过的父母就会知道，每一件事都可能让人崩溃。当我们劝说半天仍然无效，危机仍然无法化解的时候，沮丧的爸爸妈妈有可能认为"这孩子就这样，天生就倔"，可能感到很失望，或者担心是自己不会教育。

其实很多时候大可不必把这些危机上升到太高的层面，其中大部分问题都源于孩子和家人的利益冲突。**要理解危机的来源，我们首先应来理解儿童的心理发展规律。**

一、儿童自我发展与现实约束的矛盾。

一个孩子长大的过程也是动用自己身体的能力不断提高的过程。年龄小于四个月的时候，婴儿只能躺着，他能支配的身体资源只有手臂和到处乱踢的腿,连脑袋和肚子都不能稳定控制;然后,婴儿能坐了,可以控制脑袋、背部和手指;接下来,婴儿调动自己的双腿和膝盖,腹部核心力量也有所增强,他就能爬了;紧接着,婴儿终于跨出关键性的第一步,动用全身的肌肉,开始独立行走。

每一阶段的成长,都会令婴儿身体的能力产生飞跃,他需要更多的空间。随之带来的麻烦也呈指数级上升。他会把抽屉翻得底朝天,把书架上的书丢在地上、铺满整个房间,他还会奋不顾身地跳进泥坑蹦来蹦去。同时,身体发展还带来心理层面对自由的渴望。

无论是婴儿主动摆弄家里的闹钟,还是青春期少年吵着要和同学去野外探险,都是独立成长的本能驱动着他们的发展,想要取得这些发展,就要不断扩展自由行走的空间,不断触及父母的利益,这就是一个和现实约束不断碰撞的过程,一系列新问题便会随之而来。

二、尚未充分发育的自控力和道德感。

在发展的路上,孩子们的自控力和道德感并没有充分发育。如果把自我发展比作一台发动机,自控力和道德感当作刹车,那么每个孩子都是一台储满了油、刹车却不太好使的汽车。

道德感意味着无需外部的"警察",孩子也会禁止自己做某些事情,约束自己的冲动,对违背道德的行为感到内疚。通常,这样的道德感直到五六岁时才会出现，到9岁或10岁时，才能慢慢地稳定，到青春期的最后阶段也就是18—25岁，孩子才能完完全全摆脱外在权威的影响，形成比较稳定的自我价值观。

因为要学习技能和自我发展，孩子们总是忍不住做所谓的"坏事"。比如一个2岁的孩子总想着扔个鸡蛋到地上看看会发生什么。这其实是一种探索精神，有点类似于我们说的科学精神，这种态度当然值得鼓励。但是扔鸡蛋这件事，却不会被爸爸妈妈允许，因此父母会制止他，告诉他"不可以"。

然而，这个2岁的孩子即使知道了父母的态度，他能做到的也仅仅是在爸爸妈妈面前不扔，当他独自一人的时候，扔的冲动战胜了可怜的自控力。孩子和父母对着干的本质，并不是他态度有问题，而是他的自控力和道德感还没有发育好，他控制不了自己。

作为开明、高知的新一代父母，即便我们明白了孩子不守规矩的原因，在真正遇到事情的时候，我们往往仍需要极力忍耐。那么到底该如何设置管束的边界呢？

《麦田里的守望者》一书中描写过这样一幅意象：有那么一群小孩子在一大块麦田里做游戏。几千几万个小孩子，附近没有一个人——除了我自己。我的职务是在那儿守望，要是有哪个孩子往悬崖边奔来，我就把他捉住。

这是一段每次读到都让人动容的文字。因为每个人都最珍视自我。而自由，能扩大自我；边界，则能保护自我。

根据事情的性质确定清晰的边界，在边界内给予孩子充分自由。

边界不应是一件事情内部的尺度，而应该在两件事情之间。边界不能跨越，但在内部可以灵活而自由。孩子需要的边界，像一个连续、封闭的圆环，环线上是清洁、安全、道德，以及其他几项公共原则，环线以内的世界就是孩子自由行动的空间。

当孩子突破边界时，如何有效管教？在边界之内，如何倾听与协商呢？《魔法岁月》这本书里，已经给大家开出了处方。

一、灵活对待不同年龄的孩子。

当低龄的孩子执意要突破边界时，最佳策略并不是讲道理，而是转移他的注意力。比如一个两三岁的孩子，因为没有抢到小伙伴的玩具而大发脾气，我们自然是不会去满足他，帮他把玩具抢过来的，但要跟他讲道理也非常困难。因为他现在还处于快乐至上的阶段，无法忍受自己的需求没被满足，而带过孩子的爸爸妈妈也知道，这个年龄的孩子让他大哭几声，稍微释放一下情绪后，再给他一个同样有趣的其他玩具，大部分孩子都能接受。

当我们面对年龄大一点的孩子，注意力并不那么容易被转移，此时应该使用语言表达这种高级思维工具。一个七八岁的孩子已经具备了用高级思维来控制情绪的能力，当他失控发脾气时，我们要引导他更多地用语言来表达自己的感受、描述自己的情绪和自己的思考，控制自己的攻击冲动。

这并不意味着大孩子不需要释放情绪，而是指除此之外，还要学习用语言来控制。孩子使用语言表达的过程就是控制冲动的过程，我们要及时给予赞赏和肯定。

二、理解但不纵容。

理解孩子失控背后的需求和情绪，但不纵容他的破坏性行为。需求和情绪没有对错，但行为却有好坏之分。在控制孩子行为时，可以直接阻止那些破坏性的行为，简单清晰地告诉孩子"不可以"。这句话就是反馈，也无需额外的惩罚。

在生活中，我们常常被孩子不好的行为激怒，又找不到行之有效的管教办法。这个时候我们常常会指责行为背后的需求。另外，站在成人的角度，我们很多时候也无力去理解孩子的需求。

比如不过是一块饼干摔碎了，孩子却伤心倒在地上大哭打滚；或者一辆小汽车在打扫卫生时不小心给丢掉了，孩子哭天抢地，对人拳打脚踢。

"至于吗？一点点小事闹成这样，这孩子脾气太坏了！"如果有这样的心思，那么我们不仅不能接受孩子的坏行为，也不能接受他此刻的需求和情绪。我们可能会脱口而出："这有啥好生气的！给我闭嘴！别哭了！"

如果我们坐上时光机，能看到儿时的自己，就会恍然发现：

那块饼干可能是我们成人眼里的高级酒杯,那辆玩具汽车可能是成年人的限量版小轿车。在地上打滚和拳打脚踢,这种行为是不对的,但是那种巨大的悲伤情绪其实没有错。

三、提供替代选择。

孩子想要突破边界,是因为他对某些东西有着强烈的需求,希望这个需求被满足。但是他被边界挡回来了,沉溺在愤怒、失望的情绪海洋里。单纯处理情绪是非常困难的,父母可以提供其他可行的选项,帮助孩子看到更多可能性,从而安抚他们的情绪,帮助他回到边界内部。

比如一个3岁的孩子,因为家里的弟弟出生,感觉到自己好像被忽视、被抛弃了,因此总想去攻击弟弟。大人一看到他走向弟弟,神经就高度紧张,冲他大喊:"不可以打弟弟!"

可是那种敌意还在,攻击的欲望还没有得到释放,我们也不能指望3岁的孩子用语言表达:"我感觉很嫉妒弟弟,他让我觉得自己被忽视了!"该怎么办呢?我们可以给他提供一个娃娃布偶,告诉他生气的时候可以打这个娃娃。

四、相信重复的力量。

控制冲动、接受替代方案,这是一个学习的过程,需要给孩子很多时间。孩子反复犯错,并不是品质问题,他们只是需要时间来学习。边界的维持,一定要依靠重复的力量。

让孩子守规矩,化解危机的有效办法是减少危机,减少对孩子说"不"的机会,所以我们在设置底线的时候,要仔细思考是否真的需要。底线越多,限制越严,发生家庭冲突的可能性就越大。底线宽松而明确,孩子的自由空间就大一些,家庭冲突也会少一些。

遵守规则,自我控制,都是孩子需要尽力去学习的能力。孩子需要成人的引导和宽容,而边界与自由的界限,也需要整个家庭合作探索,最后找到让大家都能接受的平衡点。希望在这个过程中,孩子不会觉得太受约束和打压,父母也不会觉得牺牲了自己,而是能够一起体验到边界内的安全感和自由感。

chapter

04

心理探究

为什么带小孩特别容易让父母情绪失控？

孩子做事拖拖拉拉，父母忍无可忍终于爆发；孩子不好好写作业，只想玩，父母一瞬间血压升高，怒吼脱口而出。除了这些常见的例子，我们还可以轻易讲出一些父母情绪容易失控的情景：孩子做某件事失败之后，对父母说"我本来想这样，你非要让我那样"，父母听到孩子埋怨自己后，完全不能自控，开始生气；孩子跟其他小孩玩的时候，受到推搡，父母瞬间感到巨大的情绪，冲过去对别人大喊……

带孩子真的很不容易，几乎每个父母在育儿中都会有某些特定的时刻容易情绪失控，俗称父母的雷区。而且每个父母的雷区还不太一样。比如有的父母一看到孩子不能遵守规则就大发雷霆，有的父母对孩子任何谎言都火冒三丈。即便是同一个家庭，爸爸和妈妈的雷区也不一样，相同的是一碰到雷区就会引发强烈的负面情绪，让亲子关系一秒从母慈子孝变成鸡飞狗跳。

这种强烈的坏情绪的来源是什么呢？为什么带小孩让我们容易发脾气？什么在影响情绪呢？心理学家认为，**情绪是认知的自然产物，想处理情绪，就要先找到情绪背后的认知以及认知差异的来源。**

想要理解这个问题，我们需要借助更加专业的工具，《婴儿研究和神经科学在心理治疗中的运用》是一本更适合心理治疗师阅读的专业书，但其中关于认知和记忆的内容，却十分有助于我们理解情绪背后的认知差异。

情绪背后的认知来自哪里呢？答案是我们自己的童年经历。育儿中的冲突事件就是一根又一根的引线，把那些已经尘封起来的儿时经历炸了出来，瞬间引发强烈的情绪。

一、童年经历影响基础认知。

我们不能把过去当作不存在，实际上它们以非常强大的方式存在着，塑造着我们对客观事件的基础认知。

一个孩子如果在小时候经常因为写不完作业被批评，遭到严厉的惩罚，他对"先玩再写作业"的体验就是焦虑的；如果他从来不被允许先玩再写作业，他的所有时间都是被严格安排、控制的，那他对此的体验则是愤怒的；而如果他能够自由安排时间，也确实能够成功完成作业，他对这件事情的体验就非常轻松，毫无心理负担。当拥有不同童年经历的小孩长大后成为父母,管教自己的小孩时,面对同样的情形,激活的却是不同的基础认知,然后引发不一样的情绪——或焦虑,或愤怒,或轻松。这往往成为亲子管教中,父母情绪失控的深层原因。

如果我们总是在某件事情上与孩子发生冲突,可以去觉察一下我们情绪的来源。有时候也许仅仅是太累或者工作繁多,但更多的时候是在被我们的基础认知影响,这些基础认知又是我们的童年经历所塑造的。

二、强迫性重复。

父母的童年经历对他们的育儿情绪,有两种极端的影响。第一种影响是强迫性重复,自己体验过的感受,也无意识地想让孩子去重复体验。这些感受往往是糟糕的感受。

自己儿时有了委屈总被骂回,不能诉说,于是潜意识觉得发泄委屈是可怕的事,当见到孩子委屈大哭,不但不能同情,反而大发雷霆:"你有什么可委屈的?"自己儿时经常被暴力对待,于是也同样用暴力对待自己的孩子。"打一顿又怎么样?!谁不是被打长大的!"

我们可以问问自己:为什么有时候会对孩子某些无伤大雅的举动气不打一处来?是不是缘于童年时的类似行为没有被容忍呢?

这种强迫性重复和我们是否爱孩子无关,也不是故意为之。如果不是刻意去觉察,往往难以被发现。但是一旦被意识到了,也就有了改变的可能。我们可以直接告诉自己：我可以用更好的方式去表达，无须沿用过往的模式。

三、反向补偿。

儿时体验造成负面的基础认知，从而影响下一代的养育，这种影响的第二种极端形式是前一种的反面——反向补偿。某些层面的匮乏感让我们刻意或者无意识地想要远离儿时的过往，在下一代身上过度补偿。

比如，小时候被严厉管教，自由的需求没被满足，成为父母后想要给孩子一切自由，不忍心让孩子受任何约束；小时候和父母情感疏离，爱和依恋的需求没被满足，成为父母后可能离不开孩子，希望给予孩子 360 度的爱和照顾。

影响情绪的不是事件本身，而是我们对事件的认知。**童年记忆塑造基础认知，基础认知影响着成年后的情绪**。同样的客观事实，却会引发我们不同的情绪，因为不同的人对客观事实的认知和理解不一样。

比如，老师要求孩子先写完作业再进行户外活动，孩子放学后却先玩再写作业。A 类父母看到这样的孩子，会想："你明天被老师批评了怎么办？我是不是也会被批评？"A 类父母感受到的情绪就会是焦虑。B 类父母可能会想："你就只顾着玩，连老师的要求都不听，你根本对学习毫不在意。"那么 B 类父母感受到的就会是愤怒。可是，也会存在一些 C 类父母，想的是"孩子爱玩很正常嘛,先趁着自然光去户外活动对保护眼睛也挺好,只要晚上能把作业写完就没问题",他们根本就不会因为这件事情产生负面情绪。

带小孩最容易勾起我们的情绪,其中一大半是勾起过往的记忆。记忆并不都是自己能够意识到的存在。一个场景曾经引发过我们强烈的恐惧,那么在未来,仅仅是与此有关的一个提醒事件,也会自动激活相同的恐惧反应。这些记忆密封着那些浸染了强烈情绪反应的体验,被称作情绪性记忆。带小孩的过程中会出现大量与我们童年经历类似的状态,从而激活情绪性记忆,强烈的情绪顺势而出。

带孩子特别容易情绪失控,是因为育儿情境激活了父母的情绪记忆,而情绪记忆主要来自童年经历。当然带孩子过程中的情绪不全都是缘于童年经历,还来源于很多其他方面。那么我们应该怎么去理解和处理自己的情绪呢?

一、看见情绪背后的情绪。

当我们强调"处理情绪的第一步是看见情绪"时,很多爸爸妈妈不太理解,觉得:说这些都没有用,我只需要知道怎么控制情绪就好了。的确,在情绪失控的当下,首先要做的自然是控制情绪,不让情绪成为关系的杀手。

但是控制情绪是很难的,比直接的控制更加有效的方法是看见情绪,尤其是看见情绪背后的情绪。**把情绪背后的东西掰开**

揉碎，逐一理清，真正地"**看见情绪**"。"看见"本身往往就有奇效，有些情绪当我们看见它们时，就已经改变了。

二、拒绝压抑情绪。

看见情绪的复杂性之后，有的情绪可能就已经化解了，但有的还不行，这都没关系。糟糕的方式是：假装看不见，假装不存在。**否认和压抑情绪，不仅没有效果，而且对大人和小孩都有害处。**

《婴儿研究和神经科学在心理治疗中的运用》这本书对情绪做出了新的解释：在神经科学看来，情绪一词特指那些皮层下的、意识无法觉知的、通常是基于身体体验的感受。在进入意识之前，首先体验到情绪的是我们的身体。

否认和压抑只是不让情绪进入我们的意识，但身体早已经产生了各种反应。产生了反应还没有被觉察，只能以身体症状的形式来呈现，这也是为什么现在我们越来越强调"心身一体"的原因。

否认和压抑情绪对孩子不好的地方比较突破我们的常识：永远不生气不犯错的父母呈现给孩子的是完美而虚假的父母形象，孩子没有办法学习如何去表达愤怒、处理焦虑。明明有气但却强忍不发会导致孩子连攻击的对象都没有，情况严重一些的孩子会转向自我攻击。

三、拒绝纵容情绪。

纵容情绪包括语言和行为层面。语言纵容是把情绪变成语言暴力，羞辱、贬低自己的孩子，比如"你不要脸""你就跟×××一样，只会一事无成"；而行为纵容是把情绪直接付诸行动，比如摔东西、打孩子，给予和孩子错误严重不匹配的惩罚。所谓失控不是情绪本身有多强烈，而是指它引发的后果有多大。

四、合理释放情绪。

用语言释放，比如"我现在真的对你这样做很失望""我现在非常生气"；用表情释放，比如允许自己偶尔在孩子面前流眼泪；或者用行为释放，比如暂时的隔离、合适的惩戒。

孩子的行为有边界，成人的情绪释放也有边界。**这个边界要保持在安全范围内，尽量不严重破坏亲子关系；微微的破坏是不可避免的，也不用太追求恰到好处。人际关系其实是有韧性的。**

五、借助契机，重构记忆。

如果我们换一个角度看育儿中的情绪，也许就不会着急把情绪赶走，因为情绪恰好给了我们一个重新观察自己、重塑童年记忆的契机。

记忆是一个过程，而不是一件物品。它每次被唤起的时候其实都是一种重新建构，加入了提取线索和个体过往经验。也就是说我们现在的记忆，既不是几十年前童年经历的真实展现，和我们十年前对同一件事情的记忆也不相同。当我们想起一件事情的时候，它就已经是我们此时此刻的想法，这个记忆就已经被改写了。

养育孩子恰好可以帮助我们修正体验。比如,我们这一代人,也许较少体验过无条件的爱,我们总是要把事情做好才能取悦父母。某一天我们对着孩子发了脾气,其实是犯了一个错,但是孩子跑过来抱着我们说"妈妈,我还是爱你",反而给了我们无条件的爱。

这个时候,可能我们会体验到内疚,同时也体验到了全身心被爱的感觉。我们可以充分去体验这样的感觉,充分去享受它,这种感受能够帮助我们修正"我必须足够好才能被爱"的基础认知。

处理情绪的核心在于处理和自己的关系。当我们与内在的自己和解,与不完美的过去和解,当我们接纳了这一切,那就是改变的契机。

为什么孩子常常情绪失控？

孩子的行为出格，父母出手干预，孩子因为被干预了而情绪失控，对父母大发脾气，大喊大叫，而父母也因此被触怒，情绪也失控。这个过程经常重复上演，很多父母特别想知道：为什么自己的脾气不差，却生出来一个脾气这么差的孩子？是基因突变了吗？

如果不是基因突变，我们又该如何理解眼前这个不可理喻、哇哇大哭的小怪物呢？主管情绪的器官是我们的大脑，我们想要理解孩子的情绪，就必须理解大脑以及孩子的大脑发育进度，从脑科学的视角来看待这些坏脾气的由来，科学理解情绪问题的根源。

可以把人脑想象成一栋两层小楼，下面的一层负责情绪，上面的一层负责理性。如果两层小楼完全建好了，我们会是一个情绪丰沛又富于理性的人。而小孩子常常情绪失控，主要是因为这两层小楼正在施工建造中，还处于未完成状态。

两层小楼的脑，这个有意思的说法来自《全脑教养法：拓展儿童思维的12项革命性策略》，作者是美国著名积极心理学家丹尼尔·西格尔博士。他是哈佛大学的医学博士，在加州大学洛杉矶分校担任精神病学临床教授，在人脑研究、心理治疗和儿童教养问题等领域都是当之无愧的专家。借助这本书，每个人都能快速理解人脑的基本工作原理，理解情绪问题的根源是什么。

前面说到，把人脑想象成一栋两层小楼，下层脑是比较低的那一部分，从脖子上端到鼻梁的位置。下层脑包括脑干和边缘区域（杏仁核），负责人体基本功能、与生俱来的反应和冲动以及比较强烈的情感。

上层脑则是比较靠额头的部分，由大脑皮层及其各个部分组成，包括前额叶皮层，进化程度比较高，控制着一些重要的高级分析思维功能。我们期待孩子拥有的很多美好品质，都和上层脑有关，比如，明智的决策、对身体和情绪的良好控制、自我认识、共情、道德感等等。

上层脑更高级，更有用，我们是不是应该主要重视上层脑的发展呢？其实也不是这么简单。

最理想的情况是把两个部分整合在一起，让它们之间的通道变得牢固、稳定，就像在一楼和二楼之间搭建一个虚拟的阶梯，从而让两层小楼合并为一座房子整体运作。我们不能去掉底层只要二楼，那是空中楼阁；而只有一层的房子，空间又太小，功能也不足。

理解了人脑的两层小楼结构，就很容易理解为什么小孩子经常情绪失控了。

失控原因一：上层脑还没长好。

人脑的发育遵循由下到上、由内到外的顺序，越下层、越内核的部分越早长好，而越上层、越外面的部分越晚发育。

下层脑在孩子出生时已经十分发达，但是上层脑要真正发育成熟，则需要十几二十几年的时间。负责控制冲动的前额叶是人脑最后发育的部分。

于是，小孩子的脑就是这样一幅图像——负责情绪的一层已经建好了，负责决策、自控、共情、道德的二楼仍未完工，到处散落着建筑工具。因此，小孩子格外容易情绪失控，他们的情绪好像说来就来、源源不断，和成人的情绪不在一个等级上。

比如，5岁大的心心在商场里看上了一个娃娃，她想马上把它买下来带回家。但是家里已经有10个类似的娃娃了，妈妈不同意再买。心心的需求没有被满足，她瞬间被激起了失望、伤心、愤怒的强烈情绪。心心的上层脑还没有建好，所以她大哭着不肯离开商场，成了情绪的俘虏。

失控原因二:"劫持"大脑的杏仁核。

杏仁核是一个长得和杏仁很像,住在下层脑,专门负责快速处理和表达情绪的器官,尤其是愤怒和恐惧这两种情绪。

儿童的杏仁核经常劫持、阻断上层脑和下层脑的连接,于是常常出现情绪失控。有多快速呢?基本是一瞬间可以让我们跳过思考,直接进入行动。

举一个例子,成人看见大蛇会尖叫,但不太会因为今天想吃包子然而冰箱里只有饺子而发脾气,但一个4岁的孩子会因为冰箱里没有包子而暴跳如雷。没有包子,愤怒情绪迅速触发杏仁核的作用,过度活跃的杏仁核阻断上层脑,让这个4岁孩子完全暴露在情绪中,理智没有办法对他的下层脑发挥作用。

问题在于,对于一个4岁孩子来说,没有包子的情绪和看见大蛇的情绪能量值是一样的。对他们而言,值得恐惧和愤怒的事情太多了,杏仁核总是太虎,总是阻断上层脑。在我们大人看来,他们总是无理取闹、情绪崩溃。可是在孩子心里,他情绪崩溃有着无比合理的理由。

当我们知道人脑分为上层脑和下层脑,就可以想到发脾气也可以分为上层脾气和下层脾气。

上层脾气是指孩子的情绪其实已经从下层脑传输到了上层脑,他知道自己正在做什么,虽然他的上层脑还没有完全建好,但他现在正在使用的是已建成的部分。用"操纵"一词可能略微夸张，但这种时候的发脾气，带有明确的诉求，希望以此实现自己的诉求，也就会给大人一种要挟、胁迫的感觉。

比如，想吃巧克力的小女孩在商场哇哇大哭，她的诉求是通过大哭让妈妈答应自己的要求。

当孩子处在下层脾气中时，他们的上层脑几乎完全不工作。他们会变得歇斯底里、心烦意乱，会大喊"不要不要"，但是却说不出究竟想要什么。

无论父母说什么孩子都听不进去，无论父母怎么安慰孩子仍然大哭大闹。这种时候，大致能够判断孩子的怒火处在下层脑。他的杏仁核接管并劫持了上层脑，两层小楼完全分裂了，给他讲任何道理、设任何限制、谈任何条件，都变得无效而且困难。

明白了孩子常常情绪失控的原因，我们再来看看如何帮助孩子处理情绪。

孩子在餐厅的餐桌上玩食物，拿食物搭建筑，大人一见到赶紧叫停，收拾食物。孩子一看自己搭的建筑被拆了，顿时产生愤怒的情绪，而大人视而不见，只觉得孩子怎么这么会捣乱。孩子的反抗升级，开始大喊"我还差一点就搭好了"。大人的警报器也被拉响了，只想着"如何快速制服这个敌人"，于是忍不住打了孩子屁股两下。

孩子就在杏仁核作用下正式宣战了。他可能打不过父母，但是有其他方法作战，例如尖叫、大哭、躺在地上不起来，或者更愤怒地在餐厅里做错事，给父母抹黑。我们看到的他的错误行为，其实是他把我们识别为敌人时，自动做出的战斗行为。而父母如果也把孩子识别为敌人，那么这场仗就无法结束了。此时的我们，会把学到的情绪处理方法都抛在脑后。

当我们理解了情绪问题的根源，就可以从全脑教养的角度出发，帮助孩子整合理智与情感，真正打通"认知—情绪—行为"的改变之路。

首先，要感知到孩子的情绪，判断孩子的情绪属于哪层大脑，根据不同类型的脾气，安抚情绪，解除警报。

其次，安抚情绪时，可以帮孩子给情绪命名，用语言帮助孩子说出自己的感受，或者用抚摸、抱一抱这种方式降低孩子的情绪能量，尝试和孩子重新建立联结。

最后，设置明确的界限，告知行为的规则和底线，如果能提供一个替代的选择就更好了。

以上这些方法实践起来困难的地方在于：

第一，我们有时候会忽视孩子的情绪。

第二，我们会被孩子的对抗情绪拖入对抗情绪。

人对于危险最敏感，一旦大脑进入报警状态，情绪就会大爆发。这一点，我们和孩子是一样的。孩子更容易误判，把许多普通情境当作危险情境。想要和孩子减少情绪大作战，最重要的是不要让孩子感觉到"危险，有敌人"。一旦孩子进入敌对状态，他所说所做的一切，就都是杏仁核作用下的"自卫反击战"，不可能有什么理智可言了。

想让大哭大闹的孩子不把我们当作敌人，前提是我们也不把此刻的孩子当作敌人。**在孩子做出错误行为的时候，我们跟自己说的第一句话可以是：如果孩子是战友，我会怎么做？**

比如前面提到的孩子在餐厅玩食物的例子，我们可以先告知孩子，食物应该待在盘子里，然后建议他：要不然我们在盘子里搭建筑？再尝试和他一起把桌上的食物移到盘子里，也许最后食物并不能吃了，但是可以和缓地过渡，最后在和缓的情绪下告诉他：这里是餐厅，不能把餐桌弄脏，而且浪费食物也不好，待会儿咱们去外面拿石头搭更大的建筑玩。

孩子该管吗？当然得管。我们不能纵容他们成为熊孩子，也希望他们都能积极努力学习，但是在管孩子的时候，切忌让自己成为孩子的敌人。就像小鹿永远都不会听狮子的教诲一样，人类的杏仁核，永远在敌对状态下让人"战或逃"。一旦引起杏仁核警报，所有教诲都不会被听取。最可怕的是，杏仁核记忆深远，下次再遇到事情，孩子会下意识跟你对抗，对你说出的话表示警戒。

那要怎么管呢？我们应先感知孩子的情绪，跟孩子站到同一条战壕里，成为他的指导员，然后再告诉孩子，怎样是更好的状态。孩子大哭大闹,我们就如临大敌吗?其实那只是饱满鲜活的情绪。孩子只是觉得自己面临危险,就退化成了一只小动物而已。他其实没有那么坏,只需要一点点疏导。我们先放松下来,孩子才会放松下来。

我们先尝试安抚孩子的情绪,第一目标是尽量让他平静下来;然后用支持的态度表示,想要理解他的感受;再然后,帮他想办法解决问题,或者提出其他可能的替代方案或安抚方案。当语言对话代替了发脾气,孩子的上层脑就会被语言激活,他的理智就会启动,慢慢连接上下两层楼,让脾气受到控制。

不管孩子做了什么,表现怎样,他都是一个好孩子,跟他在一起,我们能感觉到由衷的愉快,能体会到他的喜怒哀乐,也愿意让他感知到我们的喜怒哀乐。当我们能够更加通透地和自己的情绪共存,会发现跟孩子的关系会大大拉近,而当我们能和孩子沟通情绪,会发现日常的教导也变得容易了。

如何化解孩子的负面情绪？

"这么个小虫子，有什么好害怕的？男孩子别这么胆小，勇敢一点！""你为什么要生气呢？脾气也太大了吧！""好了好了，别想这些不开心的事情。给你买个冰激凌，高兴了吗？"……大家看看，我们是不是经常这样说或者内心这么想？在育儿的过程中，我们常会陷入解读孩子负面情绪的怪圈：孩子大哭大闹—我们耐心共情—孩子哭得更厉害。我们也常常难抑心中的怒火，认为哭得越来越厉害的孩子是在无理取闹！

面对孩子的情绪，我们要慎重对待，不要因为自己不理解，就觉得孩子是无理取闹；也不要先入为主地根据自己的逻辑，就孩子的情绪妄下结论。

那么，面对孩子的眼泪，我们到底该怎么做？面对孩子的喊叫，该如何说更有效？面对孩子的害怕，该如何做更科学？希望本章的学习，能够带你逐渐走进孩子的情感世界，找到适合自己的育儿之路。

我们对孩子情绪的处理态度，取决于我们对它的评价和解读。在《理解孩子的语言：孩子的笑、哭泣和害怕》这本书里，作者指出："孩子不懂得对事情进行全盘的综合考虑，也不知道要将事情按照重要性进行排序。他不会深思熟虑，一旦有了情绪反应，就会立即受情绪的控制而无法逃脱。""孩子通过自己的眼睛来观察世界。我们要小心谨慎，不要对他的举动妄下结论。""我们要明白他的感受，了解他心里在想些什么。"

作者总结了孩子的三种魔法思维特点。

特点一：夸大。

孩子为什么有时突然就被点燃？因为他们常赋予小事重大的意义。这个意义并不是按照成人世界的标准去衡量，而是在他们内心的小世界里很重要。家里有幼儿园孩子的父母会发现，如果哪天接孩子晚了一点儿，哪怕让孩子多等了五分钟，孩子的表情可能就像是世界要崩溃了。原因是他担心父母不要自己。在他们的世界里，自我和他人没有完全分化，现实和想象也没有完全分化。如果满心期待的结果不能实现，对他们而言，就是丢失了整个人生。

特点二：错位。

孩子并不完全了解事物的因果关系，因此会用魔力的方式填补逻辑的缺失。这就导致他们对世界的解读常常是错位的，给一个结果安上了错误的原因，或者对一句话做出错误的推测。比如爸爸妈妈离婚，孩子并不能理解真正的原因，他们只会简单认为一定是自己不乖，惹父母生气了，父母才会分手。为此孩子会悲伤、怨愤但又无力化解，对自己进行指责和攻击。事实上，父母离婚和孩子根本没有关系，如果我们理解了孩子情绪的错位，能够坦诚地向他解释父母分手的原因，就可以解开他的情绪谜团。

特点三：自我。

越小的孩子越以自我为中心，他们倾向于把所有事情都和自己联系起来，把每一件事情当作自我的验证。他们始终在问：我是有能力的吗？这个世界是我可以探索或者改变的吗？家里有好事发生，他觉得这是自己带来的；有坏事发生，他也觉得是自己造成的。他会把自己最喜欢吃的拇指饼干送给奶奶，以为这也是奶奶最喜欢的；他因为自己讨厌青椒，便觉得全世界的人都不可能喜欢青椒。有时候，一些孩子容易"玻璃心"，就是因为他们把所有情绪都和自己关联了起来。

有一个冬季，我和朋友两家人带着孩子一起外出旅行。我们路过一个露天公共游泳池，一群年轻人在冬泳，"扑通扑通"往下跳。我们看了一会儿就继续前往下一个景点。但是孩子突然蹲在地上发脾气，怎么哄都不肯继续走。我问他为什么突然发脾气，孩子却一言不发。我又问他："是发生了什么吗？"他抬起头，眼睛里蓄满了泪水，愤怒地说："阿姨刚才说让我也跳下去游泳。你们是想让我冻死吗？"我忍住笑拼命回忆，原来刚才朋友随口对孩子说了句"听说你也会游泳，要不要去试一下呀"，说者无意听者有心，在孩子心中，他大概要被我们扒光衣服推下泳池，要被冻死，爸爸妈妈不要他了。好在我们了解他的想法了，误会也就很快消除。

这个例子提示我们：在给予孩子安慰、鼓励之前，先尽力去弄清楚孩子经历了什么，而不是用我们的价值观去预设、提前判断。孩子在用情绪表达丰富的内容，他在呼唤我们去倾听。

那么问题来了，怎么倾听呢？我们怎么说，怎么做，才能让孩子愿意打开心扉呢？

有一个简单的倾听小技巧，就是少问"为什么"，多问"发生了什么"。因为，当我们问"为什么"时，是希望对方给出一个解释，要一个原因。你为什么哭呢？你为什么生气呢？但孩子往往也不知道原因，就像我们大人也经常很难说清楚自己情绪深层次的来源。另外，"为什么"也容易让孩子觉得自己是在被指责，不被理解；但"发生了什么"是一个不带有评价色彩的邀请信号——我邀请你说说发生了什么。孩子是需要描述他经历的事件，不用挖空心思去搞清楚自己的动机。哪怕孩子描述的事情是零散的、没有逻辑的，我们也可以掌握足够的素材去理解孩子试图表达的逻辑。这样一来,倾听就开始了,讲述也开始了。

我们现在了解到:要慎重对待孩子的情绪,不要因为自己不理解,就觉得孩子是无理取闹;也不要先入为主地根据自己的逻辑,就孩子的情绪妄下结论。

下面,我们进一步来梳理,理解孩子的过程中可能遇到哪些困难。

一是错误共情。父母常常把自己的情绪投射到孩子身上,造成错误共情。比如,经常有朋友和我说,孩子被别人打了却默不作声,他怎么不知道打回去呢?其实当我们这么问的时候,就给默不作声的孩子预设了一种情绪——愤怒。我们会在这种理解下试图去共情孩子:"你被小朋友打了,很生气,对不对?没关系,妈妈支持你打回去!"如果孩子依然沉默,很可能意味着他的情绪并不是愤怒,他可能是难过、失望,他也许并不想打回去,而是想怎么才能不失去这个朋友。这样的共情就是一种错误共情。

当我们用第一反应去理解孩子时,也许可以先按下暂停键,多问孩子一句"你有什么感受";当我们很难问出孩子的感受,不得不用自己的感受去共情时,可以换个表达"也许你会觉得怎么怎么样",这个"也许"就为错误的共情提供了纠正的空间。

二是过度共情。过度共情时,父母理解的情绪和孩子真实感受的情绪类别是一致的,但父母体验并反馈的强度大大高于孩子真实感受的强度，从而做出夸张的反应。比如带孩子去医院抽血打针，孩子当然是恐惧的，但父母如果过度共情的话，可能会瞬间将自己替换成弱小无助的孩子，感受到过分强烈的恐惧，就可能会对医生护士感到不满，觉得他们态度冷漠、冷血无情。

长期处在过度共情环境下的孩子，会觉得父母的情绪比自己还敏感，比自己还着急。孩子可能会表现出两种反应：第一是思维逐渐被引导，让自己的情绪逐渐向父母的情绪靠拢；第二是感到父母根本兜不住自己的情绪，以后还是不要跟他们说太多，选择遇到事情自己扛。

三是缺乏共情。当父母的状态和孩子的需要不匹配，对孩子的情绪不做反应，就是缺乏共情。现在的二孩家庭越来越多，每对父母当然都希望老大和老二能相亲相爱。有的爸爸妈妈可能会在老二出生后，对老大表现出的善意大加赞赏，然而却有意无意地忽视老大对弟弟妹妹的敌意，对这部分情绪缺乏回应。这就是一种基于自身需要的选择性共情。

父母虽然在意识层面很想要努力理解孩子，但如果自己的状态总是不稳定，自身存在大量未经处理的焦虑、抑郁情绪，那么也就容易忽视孩子的各类情绪——不是不想，而是做不到。

四是功利的共情。我们理解孩子时，如果带着强烈的改变孩子的目的，就是功利的共情。处理孩子情绪只是我们实现目标的中间步骤，我们太急着先处理情绪，后改造行为，以至于中间态变成了程序化步骤的走过场，一二三四都按说明书准确操作，孩子其实根本感受不到父母真实的情感联结。

我并不是想去指责这些爸爸妈妈做得还不够好。我展示这些困难，只是希望能增进大家对育儿的觉察，看到一些以前未曾注意的盲区。

在遇到孩子情绪爆发时，我们可以试着去这么做：

一、觉察自己的情绪。

试着问自己几个问题：

（1）我的目标是什么？

（2）对我来说，什么才是最珍贵的？

（3）我的需求和孩子的需求有冲突吗？

（4）我想向孩子传达什么信息？

（5）我该怎么表达才能向孩子传达这些信息？

二、引导孩子表达自己的情绪。

（1）你刚才经历了什么？

（2）你想表达的是什么？

（3）你现在的身体感受是什么？

父母需要在这样的谈话过程中，真正放下自己的经验、需要、价值观，站在孩子的视角，去看他们看到的风景，去感受他们内心的起伏。无论你看到的是什么，都先放下评判和筛选。唯有如此，才能真正地看见。

父母和孩子的关系，最好是弹性的——也就是说，虽然有矛盾和冲突，但是能得到修复和调整。这样的弹性，能让我们迎接更多生活的压力和挑战。

孩子不愿意和父母沟通怎么办？

在日常亲子沟通中，你是否也有如下的困惑：我想和孩子相互理解，可是为什么孩子不愿意和我沟通呢？我抓住了沟通时机，可是经常沟通失败，我该怎么和孩子好好沟通呢？

想要经营好亲子关系，促进孩子的成长，我们既需要一些心法，也需要具体的招式。如果说理解情绪属于心法，那么沟通方式就是具体的招式。而在沟通方式中，毫无疑问，语言沟通是非常重要的。语言沟通，似乎就是说话。这种理解缩小了沟通的定义。从传播学角度来看，必须经过"倾听—理解—反馈"这三个步骤才算是真正完成了一次沟通，因此会不会说话还不是最重要的，促进沟通的第一个因素，也是最重要的因素，是我们聆听的方式。在亲子沟通中，我们最容易掉进一个坑——太习惯于快速评价和给出意见，并不习惯真正聆听彼此的心。如果我们能真正放下自己，做到真正的聆听，再来学习沟通技巧，就简单多了。

美国心理学家托马斯·戈登的育儿宝典《P.E.T.父母效能训练：让亲子沟通如此高效而简单》被誉为全球最权威的父母培训专著。该书流露出浓厚的人本主义情怀，始终都以看见孩子、理解孩子为核心。这种人本关怀的态度不仅面向孩子，也面向父母，致力为父母赋能，而不是责备父母。概括起来，亲子沟通有两个核心目的：第一是邀请孩子开口，打开谈话之门；第二是学会如何让这扇门一直敞开。书中给出的两大沟通法宝分别是接受性语言和积极聆听。

一、接受性语言。

父母和孩子的沟通，常常倒在第一关：孩子好不容易跟父母说了一件事，但父母一句话就把天给聊死了，然后孩子就逐渐回避与父母的沟通，父母也满心委屈，纳闷孩子为什么不喜欢跟自己说话。把天聊死有很多种聊法，指责、贬低是容易想到的，不容易想到的还包括讲道理、给建议。不是说不能讲道理、给建议，但在此之前，我们需要一些技巧，让孩子愿意说话、多说一点，否则，我们就会失去给孩子讲道理、给建议的机会。

让孩子开口的法宝，书里给出的名字叫"接受性语言"，这是打开孩子嘴巴的敲门砖。"对于孩子的情感信息或问题信息，最有效、最有建设性的回应方式之一是使用'敲门砖'或'继续谈话的邀请'。这些回应中不包含任何听者自己的想法、判断或情绪，却邀请孩子分享他自己的想法、判断和情绪。它们为他打开了一扇门，邀请他开口说话。"接受性语言的核心就在于不提前判断，不用父母的理解及情绪覆盖孩子的理解及情绪。不提前判断，也不着急帮忙，先走到孩子面前，听听他是怎么想的。

二、积极聆听。

当孩子打开了心门，还有另一种回应方法比仅仅邀请孩子开口更为有效，同时也能让沟通之门持续敞开，让亲子沟通顺畅流动，这种回应方法，叫作积极倾听。

积极倾听远比被动倾听（沉默）更为有效，它是使信息的"传送者"与"接收者"建立关联的一种非常有效的方法。在这个过程中，接收者与传送者同样积极。在"积极倾听"中，听的人试图了解说话的人的情绪或信息的含义，然后他把自己的理解说出来，反馈给讲述者进行求证。听的人并没有发出他自己的信息，例如评价、意见、建议、推论、分析或质疑。他只是把他对说话的人的信息的理解反馈回去。

晴晴刚上小学的第二天，我就遇到了一年级家长会遇到的所有问题：不写作业、和别的小朋友冲突、顶撞大人不服管教。我的陪伴、讲道理、谈梦想也统统失效。这个时候，我该骂她吗？该惩罚她吗？那是一个选择的瞬间。在我做出选择之前，有无数曾经听到过的声音回响在耳边：讲道理没用，就得打屁股；

太宠孩子不行，就是得让她有怕的人；熊孩子就得教训。但与此同时，我脑中还萦绕着阿德勒、欧文·亚隆和其他前辈的声音。最终，我决定听她说。

我跟着晴晴到她屋里，她坐在滑梯上，我问她："你上一次为什么不和小朋友玩？"晴晴说："我不是不和她玩，我只是去旁边玩了，我跟她说了，她没听见。"想了想又说，"当时太吵了，我不喜欢那么吵，就要去旁边玩。"我问她："什么太吵了？"她说："当时有另一个姐姐吹泡泡枪，小朋友都围上去了，我嫌太吵了，就要去旁边玩，结果她没听见。"我说："有另一个姐姐来吹泡泡，结果小朋友都围着那个姐姐，你自己走掉了，但那个小朋友不知道，是这样吗？"她点点头。我又说："那你以后，有什么事情跟小朋友沟通时，别喊叫，行吗？"她又点点头。我说："好的，我知道了。没关系，你以后记得有话好好说。"她见我没发脾气，整个人松弛了下来。这是一个最重要的时刻。打开谈话之门，积极倾听，之后我们的沟通越来越顺利，晴晴还给自己的未来定下了"自律"和"沟通"两个小目标，我们一起做好了时间计划表，还做好了每日自我检查结果的表格，贴到了墙上。

对于和孩子沟通，其实最重要的第一步，是判断孩子内心的需要是什么：是被聆听、被爱护，还是要建议？有的时候，一个人哭诉，只是想要我们的爱护，而不是想听我们喋喋不休的说教。另一方面，若对方真的有困扰，想获得一些策略，想要实际的帮助，若只给几句安慰，对方也会失望。面对孩子，想要做出正确的判断，就需要使用接受性语言让孩子愿意跟我们说话，愿意表达。

当我们看到孩子哭泣，我们的本能反应是：如何让他不要哭了？如何惩治，让他戒掉这种毛病？如何转移他的注意，让他忘掉感受？这些本能反应都直奔解决方案，并没有试图去了解背后的缘由。我们忽略的是，解决问题之前，孩子首要的需求是情绪被人理解。

情绪被理解之前，我们也不要轻易给出评价，因为评价会把倾诉堵回去。当一个人试图表达自己，他最想说的是自己的感觉和逻辑，如果说的人还没有把感觉说清，听者一下子弹出自己的评价，那么倾诉者立刻会感到不被理解，倾诉的愿望也就立刻被压回去了。

那该如何知道对方想要什么呢？最好不要忙着下结论，先去积极聆听。每个人的情形可能都不同。积极聆听，是真正想要听懂对方的心，是抱着开放的态度，鼓励对方讲。积极倾听，既可以复述，也可以提问；既可以是最简单的回应，也可以传递非常深层的理解。归纳起来，有以下三种积极倾听的方式。

方式一，复述内容。

直接复述孩子告诉你的内容，是最简单却有效的积极倾听。这里的复述，不是让父母变成复读机，而更像是一面镜子，把最重要、情感最浓烈的信息反射给孩子,继而向孩子表达这样一种感觉:我在认真听你说话,我很关心你说的内容。

举个简单的例子。孩子回家,兴高采烈地大声宣布:"我今天语文考试得了 100 分!"那我们可以回应:"哇！100 分！"这里只是复述了孩子话语里最重要的信息——他的考试成绩,让他欢呼雀跃的 100 分。孩子大概率就会接着讲他是如何考到 100 分的,班里有几个 100 分,老师有没有表扬他,等等。复述可以推动孩子持续讲下去,告诉你更多信息。复述非常简单,只要大家能把评价放下,就都可以做到。

方式二,情感镜映。

另外一种积极倾听,和复述内容略微类似,但焦点不同,可以称作情感镜映,也就是说,我们选择复述的内容是孩子的情感。情感镜映主要可以向孩子传递这样一种态度:我接收到了你的情感,我接纳你的每一种情绪。

还是上面的例子,但稍微调整一下。孩子兴高采烈回家大声宣布:"我语文考试考了 95 分!"我们可以回应"考了 95 分,你超级开心哦",聚焦在孩子的情绪上,而不是问他为什么丢掉了 5 分。也是很简单的一句话,但孩子会敏锐感知到"妈妈为我高兴""我可以为自己而骄傲",他可能会继续自恋,开始手舞足蹈,充分享受"我很棒"的感觉,而不必压抑这种骄傲,不必担心没有考到 100 分会被责问。前提是,父母真心认可 95 分的价值。

当孩子有负面情绪想要跟父母倾诉的时候,我们可以多使用情感镜映。孩子哭着跟你说某个小朋友不跟他玩,我们可以回应"我感觉,你现在似乎很委屈"。如果理解错误,孩子就会进一步说出他的真正感受,纠正父母的理解偏差。情感镜映,是我们进入孩子情感世界的钥匙,是提高亲子沟通质量的法宝。

方式三,提问扩展。

第三种积极倾听,则是用提问的方式,邀请孩子多说一点,帮助孩子深入思考,促进孩子自己解决问题,起到引导、教育的作用。

孩子说他考了 100 分,我们可以回应"你是怎么做到的呢",启发孩子总结成功经验;孩子哭诉小朋友不跟他玩,可以问问"发生了什么呢",帮助孩子澄清事情经过,重新理解社交规则。

关于积极倾听,有的父母刚接触时可能会觉得相关技巧太难了,在这里我想说:技巧不是核心,核心是基本的沟通态度——不要预设答案和轻易评价。任何品头论足都会把倾诉堵回去。我们可以允许自己的理解出现偏差,但积极倾听永远是对对方提出充满好奇的疑问,而非质问。所谓积极聆听,不外乎就是一件事:求证"你是这个意思吗""我有没有真正听懂""我有没有真正理解你"。当你有这样真诚的心,就会发现孩子的心神奇地对你打开,他会跟你心对心地沟通。

如何与孩子进行非语言沟通？

孩子的情绪问题是很多家庭冲突的起源，又是家庭矛盾的结果。一个家庭中，经常会因为没有处理好孩子的情绪，导致所有家庭成员都处于情绪风暴中。相信很多家长会为此类问题而苦恼不已。前面我们在"为什么孩子常常情绪失控？"一节中已经对孩子情绪问题的根源——大脑的结构进行了深入的分析，这一节我们从大家更关注的实践角度，来分析一下，有哪些有效应对孩子情绪失控的方法。

当孩子开始发脾气，大家会想到什么呢？我们成年人理所当然地把语言当作沟通的首要方式，但实际上语言是一种后天习得的高级思维能力，孩子最擅长的表达方式不是语言。如果回到孩子的世界，表情、哭声、肢体动作才是他们的母语。语言更像是一门外语，孩子们为了融入文明世界，努力学习才能逐渐掌握它。我们和孩子沟通,最好是蹲下来进入他们的世界,用孩子喜欢的沟通方式——非言语表达,其中最基础的方式之一是身体沟通,这也是一种更本能的方式。这是人类更根本的动物性能力,表情和眼神交流远比语言交流古老,传达出的含义也往往比语言更直接。

父母最需要和孩子沟通的时刻,往往正是孩子那些情绪浓烈的时刻。在这里,我们之所以强调非语言的沟通有效,是因为人的情绪和身体有着密切的关系。《心理学导论——思想与行为的认识之路》的作者丹尼斯·库恩博士,非常擅长心理学教学,他在书中对孩子身体和情绪的关系、如何使用非语言方式和孩子进行有效沟通做出了详细的阐释。

心理学认为情绪由三种成分组成:一是情绪涉及的身体变化,这些变化是情绪的表达形式;二是情绪涉及的有意识体验;三是情绪包含的认知成分,涉及对外界事物的评价。

要判断人是否感知到了情绪,首先就是看身体有没有被唤起。

一、面部表情的作用。

达尔文认为,表情是在进化中被保留下来的遗传特性。为什么要保留表情呢?心理学家认为,这是因为通过表情向其他人表达情绪有助于个体生存。举个简单的例子,婴儿不会说话,他们是怎么向成人传达信息的呢?除了哇哇大哭,最重要的工具就是表情了。当婴儿想吃奶的时候，他们张着小嘴左右探寻，脸部表情有一丝烦躁，又带着渴望。婴儿通过表情获得食物，还没有发明语言的远古人类也用表情向同伴传递信息，提高生存概率。表情能够帮我们预测他人的行为。那些有威胁性的脸可能预示着危险，所以我们对它们也特别敏感。大家可以回家悄悄观察一下孩子：他们是不是对父母生气的表情更加敏感呢？你可以试一试，某一次生气的时候，故意忍着不发出来，看看孩子能不能觉察。或者你某一次并不生气，但是假装皱着眉发火，看看孩子害不害怕。你会发现，他们对神情的敏感度比成年人要高，对你表情的觉察，比听你说话要灵敏。

表情还有个特点：它是全人类共用的统一官方语言。全世界的人表情都是一样的吗？像害怕、生气、厌恶、伤心、吃惊和开心这些基本情绪的表情，在世界各地都是一样的，鄙视和感兴趣的表情也可能是全世界共通的。只有少数表情因为文化的原因会有区别。人类面部可以做出 2 万种不同的表情，也是你身上最富有表现力的部分。而且我们做出的大多数表情都是混合表情，能够表达两种或两种以上的基本情绪。面部表情如此丰富，它注定会成为非语言沟通的核心工具。

二、肢体动作的作用。

除了表情，肢体动作也是表达情绪的特殊语言。虽然同一个姿势在不同的文化下会有不同的意义，但大体说来，一些基本情绪可以通过身体姿势表现出来，最为常见的是放松、紧张、喜欢和厌恶。肢体语言也会暴露一个人的真实情绪，尤其是那些习惯性的动作。比如当孩子说谎时，他本身的情绪就是紧张、忐忑的，仔细观察，说谎时除了表情有异样，孩子通常也会下意识做出一些习惯性的小动作。因此，下次当你看到在台上演讲的孩子小动作不断时，就能理解他其实很难自主控制这些小动作，因为他正处在高度紧张焦虑的情绪中呢！我们和孩子说话时的身体动作也很关键，你让他站在一边，你坐在椅子上说，和你把他搂在怀里说，身体语言是完全不一样的，不同时机选择的身体语言也很重要。

当我们学会了观察孩子的表情和身体，也就能学会用身体和表情回应。首先，可以用属于自己的动作和表情去传递情感。最常见的几种情况：当孩子恐惧的时候，用拥抱来让孩子镇定；当孩子欣喜的时候，陪着他一起手舞足蹈；当孩子悲伤时，用我们的眼睛传递同情。有时候，父母什么也不说，只是一个皱眉、一个微笑，或者张开双臂，或者前倾身体，就向孩子传达了千言万语。

我曾听一个妈妈讲过一个非常好的沟通案例。她说，有一次，她发现孩子一边看书一边流泪。她并没有看那本书，不明白他究竟被什么内容弄哭了。她问孩子"发生了什么"，孩子还沉浸在情绪中，无暇用语言来组织情感。妈妈走过去摸摸他的脑袋，拍拍他的背。孩子对她点了点头，吸了吸鼻涕，自己抹干了眼泪，又继续看他的书。他们什么都没说，妈妈也未能完全理解孩子，但这仍然是一次非常有效的沟通，我想孩子也一定感受到了自己被看见和被接纳。

经过上面的分析，我们已经充分理解了表情、肢体动作与情绪的关系，也认识了非语言沟通的重要性，那我们如何在孩子情绪失控的情况下，做好与孩子的沟通呢？教育不只是嘴上说什么，更重要的是你用身体传递给孩子怎样的情绪状态。

第一，识别孩子的非言语信息。

孩子的情绪体验处于旺盛时期，他们的身体感知又非常敏锐，能察觉到我们注意不到的情绪。孩子用身体和表情表达自己，如果我们没有去识别和倾听，就容易做出粗糙的随意解读。父母可以尝试直接观察孩子发脾气时的表情和肢体。比如，同样是被小朋友打了，孩子跑过来跟你告状，那如何判断他的情绪呢？可以看看他的表情。委屈的表情，那可能是在求安抚；如果是迷茫的表情，那可能是在求建议；如果他的身体僵硬，也许就表示他在生气。孩子可能难以用语言清楚表达情绪，但他的表情就透露了内心。

也许有的爸爸妈妈会说，我自己对表情呀动作呀就不敏感，观察了半天，还是判断不准确，怎么办呢？有一个很简单的小办法，就是尽量去模仿孩子此刻的表情和动作。有研究者提出，我们不仅通过表情来表达情绪，另外一方面，人的面部表情也在影响着情绪。面部的感觉会给大脑提供一些线索，帮助人们确定自己所体验到的情绪。所以当我们模仿孩子的表情时，就能慢慢体验到那种情绪，从而理解孩子。

第二，不用语言的沟通艺术。

我们也可以用属于孩子的动作和表情去传递共情。当我们看到对面的人做出和自己一样的表情动作时，会更喜欢对方，双方的关系就会更亲近。所以，当我们在理智层面暂时没有理解孩子的情感时，模仿一下他的手势和动作，不仅我们自己更能觉察到类似的情感，而且能让孩子感到自己被共情了。

当你看到孩子在张牙舞爪、胡打乱闹的时候，你做出跟他一样张牙舞爪、胡打乱闹的动作，会让孩子非常高兴，把你认定为"一伙的"，在此之后，你再提出让他学习的要求，会发现他非常配合。这就是身体语言的力量。当然，也不要忘记另外一个重要的渠道，那就是眼神交流。视线接触是共情的开端，四目相对，是一个很好的沟通习惯。能用眼睛说的话，就不用废话了。

第三，在沟通中重塑认知。

我们在处理孩子情绪时，首先要去理解他的认知是什么，他是如何解释外部世界的。积极倾听是理解孩子的重要工具。"发生了什么呢？""你是怎么想的呢？""是什么让你这么难受呢？"通过倾听、共情、提问，让孩子感受到自己被理解，帮助孩子形成更为合理的认知，从而消除负面情绪。

父母无论是去识别孩子的身体语言，还是通过表情及动作传达情绪，目标都是在孩子处于负面情绪的状态下，和孩子保持积极的沟通。此外，如果我们能够更好地去识别、倾听、传递情绪，也能同步提高孩子的情绪智力，帮助他学习如何进行情绪管理。所谓情绪智力，就是感知、理解、运用和管理情绪的能力，这是一种可以后天习得的能力。但是，如果孩子的情绪表达方式没有被充分接受的话，情绪智力也会相应下降。

最后我想表达的是，其实良好的亲子互动并不需要一直说话，而是要把握动与静的协调节奏。有时候，我们太依赖喋喋不休，仿佛一旦沉默，就是可怕的冷场。然而与孩子相处是从没有语言开始的，我们要会用语言之外的方式沟通。用眼睛观察，用身体语言来呼应，当孩子不想说话时，我们就安静相处。

chapter

05

教育方法

该让孩子上公立学校还是国际学校？

最近这些年，很多有条件的家庭在考虑让孩子上国际学校，大学到国外上，但是又不确定这条路到底好不好，适合不适合自己的家庭情况。另外一些家庭让孩子继续读公立学校，走高考路线，但又很犹豫，总是左右摇摆。这一节就跟大家聊聊中国公立学校教育和国际教育的话题。

我以两重身份聊这件事。一是多年教育的亲历者：我从小学到博士毕业，经历了 22 年中国公立教育，一直在观察、追问、思考；另外是作为母亲，决定给女儿报名加入国内的教育系统前，也经历了很长时间的权衡。

有人会问：中国教育系统是不是很糟糕？你会让孩子从小出国读书吗？

首先，我并不认为中国的教育系统是糟糕的或者失败的。

我完全不这样想。

从内容设置上讲，中小学的系统性学科设置还是很严谨的，打下的基础也扎实，让学生有比较好的基础进入高等教育。重视语数外也是合情合理的，北大哲学系一位教授在《理想国》课上说："阅读能力和逻辑能力就是人一生最重要的能力，高考看重语文数学完全没毛病。"

从形式上讲，高考制度也算是公平合理，虽然僵化，但让有能力的学生可以脱颖而出，而不需要比拼父母对大学的赞助。即使穷学生的机会在变少，但有钱人也不能随意操作。

其次，我也观察到中国的教育体系一直在革新。有的时候革新的方向是好的，有的时候有些矫枉过正，或是带来新问题，但总体而言，革新一直在进行，并没有停滞不前。减轻学生负担、调整选课制度、扩大自主招生，教育部门也一直在出台新政策，并不是铁板一块。

当然，我心里也非常清楚，中国教育系统仍然有比较严重的问题。这个问题并不像作业多、考试制度僵化等那样一眼就能识别出来，它更难量化，但在我看来，它的影响可能更大一点，甚至影响到学生和整个国家的未来成长。这个问题也是我深有触动、想要投身教育领域的重要理由。

那么我心中的中国教育系统最为欠缺的，究竟是哪一点呢？

一个视角:来自以色列的对比分析。

一年多以前,我和一位来自以色列的年轻创业家聊教育,他谈到很多事情,给了我全新的知识和启发。

他讲了他对中国和以色列教育系统的观察。他说,以色列的教育从小就非常自由,只上半天课,剩下半天就自由活动,而且对孩子的兴趣非常支持,压力也不大。这样的环境非常适合天生的 strong kid(优势儿童),因为这些孩子的学习是自我驱动的,学习起来也比较轻松,总是自己去寻找想学的新东西,充满新的想法,需要空间去实现。

但是,他说,以色列的这种教育制度,太多靠个人推动,很多资质不佳的孩子,就会变得非常平庸,乃至成年后的基本教育素质都较低,因此就大众来看,教育成果并不好。这一点和中国教育系统正好形成对立:中国的教育系统,很少给出众的孩子额外的自由度,但是能保证绝大多数学生最终达到一定标准。

因此,在他看来,中国教育的集体性应该和以色列教育的个体性互补。

中国的教育,并不利于资质较好的孩子。教育成果均值比较高,最终学生的差异不大,即使是最好的学生,一生的成就也就考试好。

以色列的教育,差异比较大,靠学生自身的天赋和兴趣,有自我推动力的学生,没有上限。

一个对比：来自美国的小学教育。

最近和一位在美访问学者交流，她的女儿12岁，在美国小学读了一年多，目前六年级。她对比中国和美国的小学教育，发出感慨：美国的小学学这么多看上去没用但真正有用的东西啊。

她指的是什么呢？我详细询问了一下。原来她女儿上的小学有四大主科，比重差不多，分别是数学、语文（英文）、科学和社会科学。后两者是国内小学很少有的。

其中，科学按照主题探究世界。她女儿学习"水"已经快一年，就一个小小的"水"，展开许多方面，从生活用水，到整个世界的水循环，还有与食物、工程有关的各种各样的水，她女儿小学就已经知道了不少化学概念。

社会科学学什么呢？他们用一年的时间"绕世界一圈"，学习世界各大洲各国的文明。前两个月刚刚学过中国，学习了中国古代各个王朝和皇帝，还有风俗和科技；这个月开始要学习非洲了，从气候、地理到各国文化。他们还要写自己对不同文化的观点。

为什么她认为这些知识是"看上去没用但真正有用"呢？因为她觉得这些知识和周围的真实世界相关，而且教会了孩子思考问题的能力。

有没有用，要看在学校里还是学校外。有很多知识，对于标准化考试不一定有用，但是对于真实世界的生活，却用处极大。

我们在学校学习的知识，常常距离真实世界很远，以至于学生常有"为什么学"的困惑。化学课上学了很多物质的化学式，学了配平化学方程式，学会了看瓶瓶罐罐的示意图，但是这与生活有什么关系？不知道。不知道为什么要学。然而另一种学法是反过来，先了解真实世界，理解真实世界是如何运作的，有哪些现象、规律和困扰，然后思考解决方法的时候，遇到了化学方程式。这个时候的化学方程式是直接解决真实世界的问题的，将来走入真实世界，可以直接调用学过的知识。

这是中国教育系统的另一项缺失：过于注重纸面上的标准化题目，缺乏对真实世界的学习。 我们特别重视考试需要的记忆和技巧，但周围的世界是什么样的，孩子不知道，父母和老师也不重视。我们常有一种"高考之前，活在真空里"的感觉，对大世界没感觉，也不知道这个时代面临哪些问题，需要我们做什么。这让我们在各种竞赛中领先，在进行职业选择时却茫然无措。

我们的教育，强在哪里，弱在哪里？这对我们的启示是什么呢？

在我看来，中国的教育系统已经在很多方面做得很好了，但是缺的恰恰是一些灵魂性的东西：超越的思想。

我们的教育强的是什么呢？是技能训练。从一年级到大学，我们都强调把基础打扎实，先不管为什么学习一项知识，而是先把它学好。无论是数学物理的大量做题，还是语文英语的勤勉背诵，都是"头悬梁锥刺股"的精神，把所有精力放在技能提升上。学习的明确目标是提高成绩，提高成绩的目标是考试，考试的目标是上好学校，上好学校的目标是毕业后有稳定工作，稳定工作的目标是提高收入。经过这整个过程，一个人苦得蜕了一层皮，总算是熬出来了，再把这套吃苦的哲学灌输给孩子。

那我们的教育弱的是什么呢？是理想境界。一个人接受教育，最终的目标是什么？学习想要达到的境界是什么？为什么不辞辛苦爬山，山顶究竟有什么风景？我们接受教育要解决的问题究竟是什么？

这些问题都没有回答。

如果我们给教育描绘的目标就是好工作和挣钱，最理想的实现也就是找到一份好工作，挣很多钱。比这个更大的目标是自己创业或者做生意成功，经济上的成功无疑更大，但仅此而已。比这个还大的目标就是为了国家富强、民族振兴，这个愿望很了不起，也很宏大，但是放在世界范围内仍然只是一国之梦，产生不了引领全人类的杰出人物。

真正的杰出人物是怎样产生的呢？杰出的历史人物，国籍民族家庭背景各异，成长路径也千差万别，但都有一个共通的核心的指引：解决人类和世界的问题。

解决世界的问题，在我看来是教育唯一真正的目标。我们为什么要学习？不是因为学习能获得进大公司的能力，而是因为学习才能让我们理解这个世界，解决这个世界的问题，让人类变得更好。

我们的教育，所缺的就是这样一种"思考宽广、思考深刻"的超越的思想。 技能训练当然是重要的，若没有过硬的技能，什么境界也达不到。但如果只有技能训练，没有思想引导，最终只是盲目奔跑。我把这种教育叫作**"有脚无头"**的教育，腿脚肌肉锻炼得格外强壮，就是没有方向，一直在等着有人给自己指点方向，"让我去哪儿就去哪儿，比谁跑得都快"。可是究竟想去哪儿呢？说不上来。

与之相对的是另一种极端，"有头无脚"的教育。一些人让孩子退出学校，但是并没有给孩子足够的指导，讲究不学习，不接触知识，自己在世界中悟道。这种状态下，人确实可能想一些大问题，但是容易云山雾罩，不懂现代知识体系的深刻之处，最终停留在空谈上，行动力也就和理想状态差了十万八千里。

理想的教育一定兼顾思想与行动。思想是为人生寻找方向，行动是让自己到达目的地的工具。爱因斯坦的方向是对光速飞行的思考，他的行动是在学校不断寻找数学工具，二者缺一不可。我们太侧重后者，偏偏缺了前者。

有灵魂的教育目标是思考和创造。 而思考和创造获得的收益，只是这个过程的副产品。

我们需要什么样的教育呢？

如果要问我，对于中国教育有什么期待，有什么革新的愿望，我的希望并不是推翻现有体系，而是给现有体系注入思想和愿景。

我们需要的是对现有的扎实基础教育的拓展。我们需要给现有的教育一片更广大的天空，让我们的孩子具备思考大问题的能力，以问题和思考引导未来的技能学习。

我们希望孩子能够具备：

一、宏观思想。

让孩子看得再远一些，想得再大一些，以思想引领行动。希望他们不仅具备优秀技能，更能从宏观大局的视野选择方向，让优秀技能得到智慧的指引。

二、国际视野。

让孩子理解世界、理解古今，具备思考人类问题的意识，准备在未来走上国际舞台，让中国思考为整个人类文明做出贡献。

三、问题思维。

让孩子了解真实世界的图景，理解当前社会和未来世界的科技、文明与困境，学会思考问题。通过未来反推现在，通过对真实职业的理解，制订个人成长计划。

四、跨界联系。

让孩子能从生活中的具体的事物出发，超越学科界限，多角度理解事物，具有多方位联结、以小见大的洞察力，能将生活具体事物与所学知识联系在一起，解决问题。

总而言之，我们希望孩子能够从广阔、真实的世界出发，带着思考走进日常学习。视野与志愿的提升会增加孩子的责任感和学习兴趣，让他们真正理解学习的意义，理解学校的学习不是为了应付考试，而是为了应对人生；让他们理解人类的问题和自己的问题，主动承担解决问题的责任与使命，从而获得学习和成长的内在激情。

我们希望孩子能真正仰望星空、脚踏实地，对星空的向往是大步前行的理由。

以上就是我对中国教育的思考与期望。中国教育系统有很多优点，值得巩固，但缺点在于视野狭窄，过度强调技能、钻研题目，并没有给技能训练以充足思想指引，以至于学生长大之后技能优秀，但是对方向把握不足，选择自己的人生以及解决真实问题的能力有限，在世界舞台的贡献受到局限。

如何培养"学霸型"孩子？

有的孩子总是说学习很无聊、很枯燥，不愿意主动学，总是要父母拿根小鞭子在后面抽着；还有的孩子花了很多时间在学习上，但效果不理想。为什么有的孩子学得又快又好？为什么有的孩子善于思考，总是能提出非常有深度的问题？

有时候我们回顾自己从小到大的学习经历，就会发现班上学得最好的孩子，通常并不是最刻苦的那个。

学习当然和很多因素有关，不过我们也不能否认，学习方法也是影响学习效果的重要原因。看起来都是学习，但是不同方法带来了不同的感受，也造成了学习表现上的差异。

今天我跟大家讲一个超级学霸的故事。

这个学霸叫斯科特·杨，他用 10 天的时间搞定了线性代数这样一门学科，然后只用了一年的时间，就把麻省理工学院 4 年的课程学完了。斯科特·杨的学习效率是其他学生的4倍。更加没有天理的是,他每门功课都能拿A甚至A+。这岂止是别人家的孩子,简直就是其他星球的孩子。

他提出了整体性学习的概念,把这种学习方法写成了一本书,也是我向大家推荐的《如何高效学习》。

提起学习,我们最先想到什么?可能最容易想到的就是去记忆一些东西,写字、背课文、记公式、背单词,这些是我们关于学习最早的概念。本质上来说它们都是机械记忆。

整体性学习是跟机械学习相反的一种学习方式,它不依靠多次重复去记忆一个物理公式,而是根据我们大脑的工作原理来学习。

大脑里面有上百亿个神经细胞,彼此连接在一起。整体性学习和大脑结构类似,并不独立去记住零碎知识点,而是在学习任何一个知识点的时候,都把它和其他的知识点联系在一起。我们在学习的时候创造的连接越多,那么我们的学习过程就越符合大脑的工作原理。

整体性学习法包含三个关键点。

第一个关键点是学习是有结构的。

假设我们的大脑里面是一座座城市,每座城市里面有很多建筑物,建筑物之间又有一些道路把它们联系在一起。如果这座城市里面的建筑物都修得很好,城市规划也做得很好,那么这座城市的整体发展就会不错。

现在把城市替换为学科，比如数学城市。在数学城市里面，如果我们很清晰地知道整数、分数、小数、未知数、函数、方程、几何、解析几何这样一些基本概念相互之间的位置，我们基本上就把小学和中学的所有数学知识弄明白、搞通了。

第二个关键点是建立模型，模型是一个简化的结构。

打个比方，我们学习一本书。这本书有多少个章节，章节之间的逻辑是否畅通，内容是怎样分布的，这是一本书的结构。要形成比较完整的结构，需要我们完整地阅读整本书，再进行整体性理解。但我们在学习时，并不需要从头到尾完整阅读才能了解它，我们只需要看目录就能很快了解书里的内容。目录就是这本书的模型。搭建模型，对于我们开始学习以及复习知识，都是非常重要的。

第三个关键点是修建高速公路。

高速公路是指把结构连接起来的纽带。比如上海是一座发展得很好的城市，但如果它是一座孤零零的城市，那么哪怕内部的结构再完善，它的发展也比较有限。只有这一座发达城市是不够的，还需要在上海和北京之间修建高铁，在上海和长三角其他城市之间修建高速公路，一座城市与外界的连接越畅通，越能够促进这座城市本身的发展。

对应到学习上，结构是一个单独的学科，模型是这个学科简

化后的基本概念及概念之间的关系,高速公路可以理解为连接不同学科的通道。

比如学习唐诗"野火烧不尽,春风吹又生",如果只是单纯当作语文来学,那就是先背诵,再理解这句诗的意思,从文学层面剖析它为什么成为千古名句。

但假如我们能够结合其他学科,比如站在科学角度,就会思考什么植物的生命力最顽强,为什么会有野火,重生的种子从哪儿来的。站在历史的角度,我们可以思考,历史上哪些事情是"春风吹又生",反复出现的,哪些事情是一次性消失了的。如果我们在带着孩子念诗的时候,能够从不同视角和孩子一起讨论,就相当于在他的脑子里修建了高速公路。许多具有创新性的成果,关键都在于打通了学科壁垒,思考的角度出人意料。

前一段时间,我曾经问女儿一个问题:"三分之一乘以三等于多少啊?"

我女儿是计算不出来的。虽然她已经知道了三分之一的概念是把一个大的东西平均分成三份儿,其中一份是三分之一。她在二年级已经学习了乘法,背诵了乘法口诀,但是当我问她"三分之一乘以三等于多少"的时候,她还是胡乱地说了几个答案,并不知道真正该如何计算。

这是为什么呢?

因为她的基本概念还不清晰,她对于乘法究竟意味着什么、分数究竟是什么含义,还没有在头脑中形成很透彻的理解,这种情况下她就没办法自己推理出三分之一乘以三等于多少。而在这种情况下,我如果强行让她去记忆、背诵,她将来就会遇到越来越多的困难。

所以我们在孩子学习这种基础概念的时候,千万不要着急,如果孩子遇到了困难,我们就让他停下来,理解其中的关键,把基础打牢,后面才是加速的阶段。

再举一个例子,我们在中学的时候都学过压强,知道它是力除以表面积,但是在水里的压强,我们又知道等于 ρgh。

这两个公式之间有什么关系呢?意味着什么呢?

其实很多人对于这种关键概念并没有进行充分、透彻的琢磨,后面做题,就会遇到"拿到一道压强的题,不确定用哪个公式代进去",感到费解的情况。所以对于关键性、支柱性的信息,一定要充分理解后,再去做相关练习。

讲了这么多学霸的有效学习方法,我们知道了,掌握每一门学科中的关键信息,把学科基础打牢,是未来学习加速进步的关键。那么有哪些理解关键信息的方法呢?斯科特·杨也对此做了总结推荐,在这里分享给大家。

一、善用比喻。

引导孩子把学习的新概念和日常生活中熟悉的事物联系起来,用比较形象的方式,帮助孩子理解新知识。比如"三分之一"这样的分数概念，我们可以和分比萨联系起来，一个比萨分成三份，其中一角就是三分之一。

二、利用内在化感受。

作者在书中举了一个例子：费曼让大家理解力矩的时候，用了一个扭曲的钟表，通过观看扭曲钟表的感觉来让大家理解力矩就像是用来衡量这种扭曲程度的。

再回到我们刚才说过的压强概念，压强是我们承受压力的强度，我们可以通过自己在短期内、一个点上受到了巨大压力的感觉去理解这个概念。

三、将概念视觉化。

概念视觉化主要指利用图表和流程，这种方法非常非常实用。我们日常生活、工作、学习中用到的思维导图就是这个思路。通过将知识、概念以及它们之间的关系画在一个界面内，可以使我们头脑中一些模模糊糊的感觉和概念变得清晰、可视化。

最后再分享一个作者提到的积极阅读的方法。

积极阅读是指在开始读一段文字或者学一个知识点之前，就在头脑中准备回答这几个问题：

（1）这部分内容的主要观点是什么？

（2）我如何才能记住主要观点？

（3）我要如何拓展及应用主要观点？

带着这样几个问题去读一段文字，然后把书合上，在头脑中回忆一下，或者在纸上写下来。

我们跟孩子一起读书的时候，也可以在读完一段后，和孩子一起回顾一下："欸，刚刚我们读到的这个故事是讲了一件什么事情呢？"或者："刚刚我们看的这几页科普书，作者最后得出了什么结论呢？他是怎么得出这个结论的呢？"这样的习惯可以让孩子将来的阅读更为高效。

给大家介绍"整体性学习法"以及其中的理解关键信息的方法，不是说作者的方法就是绝对真理，而是感觉这种方法是我们平时的教育比较缺失的部分，是比较适合补足中国学生日常学习的。公立学校的学习，好处是比较踏实，系统性很强，但往往会比较细、比较碎，更加重视技能的熟练度，却不是特别容易搭起一个学科的整体架构，也比较缺乏跨学科的联系，这样容易让学生陷入一片浩如烟海的细节中，难以在知识之间建立高速公路，学习过程比较累，效果还不理想。

进入一个新的学科，掌握一个新的学科，需要有一种贯通性的思维方法。这种贯通性的思维方法有两个重要的侧面：一个是整体性学习中强调的结构性思维，进入一个领域，先快速地把它的大结构，把它的"建筑和高速公路"画出来；另外一个是批判性思维，也就是能够知道一个人为什么得出这样的结论，他是观察了多少样本后得出这样的结论，以及他是不是从某些定理推导出了这样的结论。

这些都是在学习一个学科时最优先、最重要的部分。把这些东西贯通之后，其他很多细节就相对容易填充进去了。学习不同学科都会比较高效。

怎样培养孩子的自信心?

很多孩子在学校里面觉得一些知识太难学不会,根据我这些年的经验,阻碍他们的不仅是一些具体的难关,更主要的是他们的心态。孩子可能会遇到一些数学概念问题或者语言的语感问题,但是这些都已经是细枝末节。在此之前,阻碍他们的经常是他们看待自己的心态,或者他们对于学习的自我认知。比如说,有的孩子认定自己学不会而不愿意投入精力,或者在他投入精力之前,就先人为地给自己设置了很大的障碍;还有一些孩子遇到了小的困难、挫败,就很容易沮丧退缩;另外有一些孩子因为学习不好,又很希望获得关注,就拼命地在其他方面获得存在感,博取他人的关注和赞许,比如打架或者玩游戏。这些心态问题往往是小学生在学校里面遇到的最大的学习阻力。那我们该怎样培养孩子的自信心呢?先让孩子从掌握幸福的思维方式开始。

我 2017 年带着童行书院的教研团队一起编辑出版了《写给父母的未来之书》，里面摘录了李佳文老师和刘琼老师各一篇文章，他们两个人在儿童思维的研究和教育方面都有不少的经验和心得。这两篇文章，一篇用了"积极思维"的语法，一篇用了"正面思维"的语法，这是不同体系里面的语法，但其实讲的是相似的事情、相似的原理。那什么是积极思维或者正向思维呢？简单来说，就是将你的注意力更多地聚焦到好的地方。这涉及一个最基本的心理学或者认知科学的原理，也就是我们如何去调节自己的注意力。

调节注意力其实就是从无数繁杂的念头中脱身出来，渐渐地找到什么对你来说是最重要的，让你的注意力集中到那些重要的部分，慢慢地再把你整个的精神世界和你的日常生活调节好。这跟我们说的积极思维或者正面思维有什么关系呢？**最重要的是告诉自己，其实我们可以调整自己的思维方式，更多地聚焦到生活中积极正面的因素。你会发现你整个的生活、处理问题的方式都会有所改变，结果也会有所不同。**

孩子在成长过程中难免遇到困难或压力。让我印象最深的是我陪晴晴跳绳，那是她挫败感最强烈的一次。晴晴是那种很容易感受到挫败感的小孩，越是不会跳，越不愿意跳。有时候家里人逼着她练，她一边哭一边跳，但还是不会。

我带着晴晴来到小区空地的时候，告诉她：之前别人教她的都是困难三级，但是她其实还没学会简单一级二级，直接学困难三级，所以学不会。我说我从简单一级开始教她，一定能学会。我让她先把绳甩到脚下，迈过去。然后练习把绳甩到脚下，跳过去。我给她的任务已经简单到不能再简单了，我是希望简单任务能激发她的成就感。可是晴晴还是拒绝。她简单跳了一下，又跳了一下，一旦她试图连跳，节奏就是错的，立刻断掉。她的挫败感就蔓延开来，我几乎能感受到扑面而来的沮丧情绪。

我理解很多时候，人在心理困境中，各种各样的行为都是在发出求援信号。这个时候家长越着急，越是说一些"你看别人都会了，就你不会"之类的话，越会让孩子对自己没有信心。我们想要帮孩子摆脱困境，就需要引导他关注自己已经完成的部分，哪怕是跳了一个绳儿，也积极地给她鼓掌，然后等孩子跳两个、三个、四个、五个。家长每一次都聚焦在孩子已经完成的部分，才能让孩子一步一步真正地建立自信心。

孩子最初的信心和对自己能力的初步认可，往往来自父母的看见和积极鼓励。

积极思维对于孩子的影响，主要体现在他的自我认知上。如果孩子对自己的禀赋和基本素质有自信心，那么他遇到了困难，也会愿意主动去思考或者去挑战小小的困难，也更容易坚持下去，因为他相信自己的能力可以应付这些困难，最后就会形成良性的循环。当他真的解决了这些问题，获得了成功，他就会更加相信自己。但有的时候,孩子对自己不自信的时候,稍微尝试一下失败后,他就退回来了,因为他觉得自己不行。所以我们在孩子小的时候——学龄前或者刚上小学这几年,让孩子树立对自己内在的信心非常重要。这个就是积极思维对孩子生活的影响。

那该如何让孩子在生活中产生积极思维呢?

第一,对孩子的生活进行准确而积极的反馈。

积极,意味着不断称赞孩子身上的正面特质,让孩子对自己感到满意;而准确意味着只在孩子真正呈现出某种特质的时候对孩子进行表扬。你如果每天对孩子说:"你真是又聪明又勇敢,又厉害又善良,你真是了不起!"每天只是这样泛泛地去称赞,其实很没有诚意。因为你说的这些特点,如果没有在生活中一些小事上加以体现,就跟你称赞奥特曼是一样的。孩子会疑惑:"这些特点真的是我拥有的吗?父母会不会只是随口一说呢?父母会不会只是为了鼓励我而刻意表扬呢?"这种时候,孩子就不会特别相信。

但是,如果在生活中一些小小的场合,孩子真正体现出这些好的特质,哪怕只是一点点,父母在这个时候加以积极反馈,孩子就会产生真正的自豪。其实孩子身上灵光一现的积极特质有很多,我们只需要有一双发现的眼睛,有的时候只需要在和孩子的聊天中接上一句评论。如果孩子说"你看这里的汽车,它好像是按照什么方式排列的",或者"你看那边,广告牌上的数字有一个什么样的规律"，父母说："你的观察能力真的好强，你的这个发现很好，你有很好的推理能力！"那么孩子就会在这些时刻把这些能力特质记在心里，他会越来越对自己感到骄傲。遇上另一个场合，他也会想要积极地表现自己这样的特质。

第二，以积极的视角对生活事件加以阐释。

如果一个人能够将成功归因于稳定因素，将失败归因于临时因素，则更有可能持续努力，在失败后还不断地尝试重新开始，就能有更稳定的自尊。因此父母在生活中评价孩子的时候，当孩子某件事情挑战成功，可以跟他一起发现其中的稳定因素，也就是孩子的一些优良品质；当孩子某件事情遭遇失败，可以跟他一起分析其中的客观因素，也就是一些临时性的因素。

比如说孩子去参加游泳比赛，如果成绩很好，我们就会说"你真的是一个身体协调能力非常不错的孩子""你最近的勤奋努力获得了认可"，或者说"你真的是一个目标很坚定，而且愿意为之付出努力的孩子，你现在的回报都是你应得的"。而孩子如果在这次比赛中遭遇了失败，我们可以更多地去跟他做如下分析："这次比赛中，你的打腿动作有一点不好"，或者"这两周我们确实更多地去忙别的事情了，这次比赛没有准备好"，或者"也许你参加的这个组对于你来说有一点难度过高了，你只在这个组里练习了一个月，别人都练习了五个月，所以比不过别人很正常"。

诸如此类的分析和阐释会帮助孩子建立一种对事物的认知框架。如果自己做得好，那是自己坚毅的品质、远大的目标、平时的勤奋努力和一些先天的素质让自己获得了成功，这样的努力在以后可以不断地坚持下去。而如果遭遇了失败，则是事先没有准备好，这次没有发挥好，或者是参加的比赛不太合适，那我们下一次争取改变这些不利的因素，或许就可以获得成功。

　　这种情况下，当孩子感觉到自己的失败是因为一些临时性的因素，这些因素都是可以改变的，他就会愿意进一步地进行尝试。下一次尝试的结果哪怕只是比这一次好了那么一点点，其实也可以鼓励他继续不断地为之努力。实际上，很多时候人缺的就是这种持之以恒，不断地克服困难，不断从失败中走出来的精神。所以让孩子具备这样的精神，让他愿意持续不断地付出努力应对挑战，在很多事情上都是实实在在可以获得提升的。

　　这就是积极思维对于孩子行为模式的影响。在生活里面，我们可以通过潜移默化的引导，让孩子更多地具备这种持之以恒的积极思维。孩子对自己的自信心不是天然具备的，而是在成长的过程中不断打磨出来的。当我们用积极注意和积极言语去对待孩子的时候，你会发现孩子的自信心一天一天地在增长。

如何激发孩子的自驱力？

经常会有家长提到类似问题：一年级不写作业，二年级不求上进，三年级没有动力，四年级不想学习……归根结底，家长的诉求都是希望自己的孩子能拥有学习的自驱力。那如何激发孩子的自驱力呢？现实生活中，很多父母都告诉孩子以考上名校之类的卓越表现为目标，但这样的目标真的能导向成功吗？

著名社会心理学家霍尔沃森在他的《成功：动机与目标》（又译《如何达成目标》）一书中，重新揭示了人类动机的基本理论，让我们换一个角度重新审视日常听到的成功建议。他肯定了目标与成功的关系，但提出不同类型的目标会导向不同的选择。为了激发孩子的自驱力，我们当然要帮孩子树立学习目标，然而更重要的是，我们首先要能分辨目标与目标之间的区别。"展示才华"或"追求进步"，你家孩子的目标是什么？

绩效目标:"我很有才华,我是个厉害的人!"

心理学家把展示才华的意愿叫作绩效目标,也就是显示自己的智力、能力或业绩胜过其他人。追求绩效目标的人把自己的精力主要聚焦在实现某个特定的结果上。

这种目标表现在生活中,是怎样的呢?放到孩子身上,比较常见的表现包括:"我要成为全班最优秀的孩子""这次考试我要考 100 分""跳绳一定要一分钟跳 150 个"……其实,很多时候这些目标也未必是孩子自发产生的,更多来自学校的评价指标,来自成人的期待。

这种目标有没有好处呢?当然有!绩效目标在很多时候都能激励孩子努力学习,让孩子充满能量和战斗力。但是,绩效目标也有着严重的副作用。持这种目标的孩子,比较容易形成"全有或者全无"的两极思想。比如说立志要考全班第一名,当他考了第二名时,他虽然仍然是非常优秀的,但在他心中,第二名根本就毫无价值,他无法接受"差不多""还可以"。另一个副作用叫作"自我实现的预言",就是指当潜意识里认为自己不行时,最后的结果就真的不行。追求绩效目标的孩子,不可避免要体验无法达成目标的挫败感,每一次失败,就暴露了自己的"不够"和"不足",逐渐累积后,内心就充满了"我不够好"的焦虑。于是,表面上看起来他们追求成功,但行为上却遇到困难就放弃,甚至无意识地给自己制造困难,以匹配内在那个"我不行"

的声音。

精通目标:"我取得进步了吗?"

与注重自我展示的目标相对应,还有一类人,更加看重过程中的自我提升,以增强自己的某种能力为意愿,这种目标被称作精通目标。追求精通目标的人不会通过自己是否达到某种特定结果来评判自己,相反,他们用进步来评价自己。

比如,以精通为目标的孩子,在学习中常有以下表现:他们常常提问题,无论这些问题是否在考试范围内;他们常常思考学到的知识与这个世界、与自己的生活有什么联系,虽然这样的思考对提高分数没有直接意义;他们会对一些无用的、不合时宜的问题感兴趣。由此,我们自然也很容易猜到,在学习的某些阶段,持精通目标的孩子可能不是最出色的那个,因为他们并不以此为目标,思考那些与考试无关的问题也必然会占用一些学习时间,而这些思考不会立刻转化为成绩。但是,这类孩子在学习上更有韧性。当他们遇到困难或者考试成绩不佳时,他们想的是"我还没掌握好这个知识",下一步就是想办法去掌握。当一个人把注意力集中在"怎么才能让我有更大的进步"时,几乎不会一遇到困难就放弃,所以更有可能造就最大的成功。

我曾经讲过晴晴一年级时的学习困顿。那个时候她对自己没什么信心,有挫败感,又觉得学习很枯燥,不愿意写作业,我曾经也感到困扰。但这个学期开始之后,很多事情都不一样了。

晴晴每天写作业变得积极、快速、自觉，姥姥多次表扬她的进步。她的脾气变得和顺，压腿和运动也开始变得积极主动。这个过程是如何发生的呢？

有一次我陪晴晴压腿，她跟我探讨一个人应该跟自己比，还是跟别人比。我说："应该和自己比呀，跟其他人没有可比性。"但她给我了一个相当令我意外的答案："和变成别人的自己比。"我问："什么叫和变成别人的自己比？"晴晴说："就是和以后的自己比，和自己的小灵魂比。假设有一个好未来，一个坏未来。要超过那个坏未来，追上那个好未来。"我说："哦，就是想象自己的很多种可能性，要和其中好的可能性相比，是吗？"晴晴说："是的。"她压完腿之后说："我也没想到，我新学期变得这么厉害。难道我换了一个人吗？"我问她："你觉得你新学期还有什么变化？"她说："我写作业比以前快了，还能提前把数学题写完。"

过了一会儿，我跟晴晴说："你知道吗？人有一个特点，就是当你学习的时候，可能很长时间都是在慢慢积累，看不见什么进步，但是突然某一天就突飞猛进地提升了。"晴晴说："爸爸不是这样的，爸爸不让我慢慢积累，总是要求我一下子就提升。就好像让我不睡觉一直爬山一样。"我说："哦，就是想让你太快进步，你做不到，是吗？"晴晴说："是的。让我慢慢积累是对的，磨刀不误砍柴工。"这次对话，完全是出乎我意料的。我很开心晴晴能追求精通目标，我一直相信她会慢慢找到内驱力，但没想到这个过程来得这么快。

那么，绩效目标是不是特别不好，一定要被摒弃呢？《成功：动机与目标》中通过实验发现：当执行一些较为简单的任务时，绩效目标能让人有更强的战斗力，成功的可能性也更大；但是，任务变得复杂、相当有挑战性时，以绩效为目标的孩子对自我的预期就是"我肯定完不成"，从而过早放弃，而以精通为目标的孩子则展示出更强大的克服困难的决心。

这两种目标，在不同的时机都对成功起着促进作用。我跟孩子聊了这两种目标的区别后，孩子说："可以把两种结合起来。比如我虽然觉得学到知识是快乐的，但如果考试考得好，老师给一些奖励，那我也挺开心的。"小孩子的想法很真实，也很契合实际。事实上，很少有人会在生活的方方面面总是追求同一种目标，大部分孩子也都是绩效目标与精通目标混合在一起。那么，关于激发孩子的自驱力、树立能推动他持续进步的目标，有哪些办法是值得我们尝试的呢？

方法一：及时指认孩子的能力。

我们要能及时指认孩子的能力，通过及时反馈帮孩子内化追求进步的动机。想让孩子感受过程中的快乐，让他们体验到追求进步是值得肯定的，那我们就要具备指认孩子能力的本事。孩子在学习过程中的能力越多被看见，他们也就越容易认同精通目标，认同自己的能力是可以通过努力去改善的，而非一早就注定。

举个例子，前几天为了打发出租车上的无聊，我跟我女儿讨论了一个趣味思考题：早上你去公园的时候带了3块钱，晚上回家的时候带回来5块钱，有可能发生了什么事？有多少种可能？女儿开了脑洞，想出来十多种可能性。我肯定了她的好几种能力：想象力，逻辑推理能力，还有对于情境的理解（例如她想出一种替别人排队的方法）。这让她备受鼓舞、兴趣大增，后来再坐车的时候，她就跟我说："妈妈，再给我出一点那种提高智力的题吧。"我于是又给她出一些数学题。而她一旦解出来就哈哈大笑。

方法二：运用暗示和感染。

多运用暗示和感染，帮助孩子在潜移默化中获得追求进步的动机。"在你周围的环境中尽可能多地布置有助于你实现目标的提示信号。你给孩子提供提示信号，他们的动力就会随之涌现。"想让孩子爱上学习，爱上钻研问题，那就让你的家庭有学习和讨论的氛围，在你的书架上多放一些吸引孩子来阅读的书。尤其是当一个孩子自己也觉得这个目标很重要，但暂时无法做到时，环境的提示就会起效。

当然，环境中的人更为重要。我们可能难以改变学校和老师，但我们能改变自己。我们出现在孩子面前时，有过享受学习的时刻吗？我们能让这种快乐感染到孩子吗？想让孩子以提高技能、追求进步、享受学习为目标，我们可以先把自己变成这样的爸爸妈妈。这种感染绝不是口头说说就行，孩子们都是善于观察的聪明人。如果我们一边说应该享受学习过程，一边又因为一次不理想的成绩责骂孩子，只会让孩子感觉十分伪善。

方法三：使目标个人化。

也许爸爸妈妈会觉得前面讲的方法都是在理想状态下才能实施，孩子有时候就是不得不完成指定的任务，必须得达成一个目标才可以，那要怎么办呢？有一个可行的办法是，使这个目标个人化。

当孩子不得不完成来自外界的学习任务时，尽可能给孩子提供一些选择，把外在目标变成由孩子参与的个人化目标。以很多小学低年级家长头痛的写字为例，学校规定了每天必须练字 20 分钟，不管孩子有没有动力，都得完成这个 20 分钟的任务。这个时候，我们依然能给孩子提供选择的空间：你想在什么时间练字呢？想在哪个本子上练呢？想练哪些字呢？想描红还是临摹呢？孩子有了选择权以后，对这个目标的抵触情绪就会逐渐减弱，从而更多去体验练字过程中技能的提升。

激发孩子学习的自驱力，除了以上具体方法，**父母最重要的任务就是耐心陪伴孩子逐渐生长出属于自己的学习目标。**

最后，分享一个小故事。朋友家的孩子在学校学了一句话：

"书山有路勤为径,学海无涯苦作舟。"这句话我们都很熟悉。但是,这个孩子对妈妈说:"我觉得古人说得不对,如果一直苦作舟,那这艘船很快就开不动了。应该是'书山有路勤为径,学海无涯趣作舟'。"愿每一个孩子都能以趣为舟,激发学习的自驱力,在知识的海洋上乘风破浪。

怎样培养孩子
独立判断和思考的能力？

很多时候，我会觉得父母的教育或者说我们对于教育思想的理解常常在两个极端之间拉扯。第一个极端是学一些非常非常简单、快速、实用的教育方法；第二个极端是不断地反思、追问自己的内心，思考自己对于教育的领悟。如果说第一个是实用主义的极端，那么第二个就是理念主义的极端。

真正有效的教育思想可能会在这两个极端之间取一个平衡。如果没有能够落地、看得到结果的教育方法，可能我们思考一段时间后就会觉得索然无味。但是如果缺乏有一定理论高度的理念，那么，很多的实用的教育方法会起不到作用。为什么一种看似很有道理的教育方法，在自己家孩子的身上就不适用了呢？最主要的原因是每个孩子都是不同的。我们必须了解每一个孩子的不同，才能够基于他的个性、心理状态发展的阶段，有针对性地给予更好的教育指导。

想要理解孩子，很重要的一步就是，先理解我们自己，这需要我们有很强大的内观和自我反思的能力。 在这种情况下，我们才能够对于人本身有一种更加综合、深入的理解。在这种情况下，更加深入、抽象的思考，就不是不实用的，它只是要在更长远的时间尺度上起到它实际的作用。童行书院所秉持的通识教育的理念，就是这样一种更加具有高度的理念。

教育是真正为了生活。《哈佛通识教育红皮书》讲道，**通识教育的目标是培养出一个对于自身、对于自身在社会和宇宙中的位置都有着全面理解的完整的人，一个"好"人。什么是一个"好"人呢？"好"人的意思是内在完整、泰然自若、坚定的人。**这也是童行书院认为的"好"人的标准。一个内在完整而笃定的人，是可以接受自我而仍然纯真的人，是可以经得起挑战而不崩溃的人，是可以坚持自我个性又与他人协调的人，是一个努力去做自己认同的事的人，是一个内心深处有基本善意的人。我希望每个人都能成为内心泰然的"好"人，在此基础上再追求卓越。

可能对于有的爸爸妈妈来讲，这个目标还是稍微有点抽象。通识教育对于孩子的现实生活有哪些更加具体的意义呢？**其实通识教育就是希望孩子能够有深度思考能力，能够在生活中做出独立的判断和选择。**通识教育希望孩子具备探索精神，他能够有好奇心去引导未来的创造力发展。通识教育也希望孩子获得宽广的视野，面对世界时心胸更加宽阔。最后，通识教育当然也能让孩子积累很丰富的知识，这对于他们未来的学习成长都是很好的心智土壤。

这些是通识教育非常强调的部分，也是通识教育希望学生真正能够获得的部分。那么如何才能让孩子学会深度思考，具备明智的判断力呢？以哈佛通识教育课程体系为例，它在1980年设置了通识教育的目标，提出：一个有教养的人，必须能够——

第一，清晰而有效地思考和写作；

第二，对自然、社会和人文有批判性的了解；

第三，了解塑造现在和未来的文化和力量；

第四，了解并思考道德和伦理问题；

第五，在某一知识领域有深入的研究。

我曾经在童行书院采取过通识教育 OKR 的方式——O 是目标，KR 是 key result（关键结果）。我们现在也用这样的方式去分析和拆解这些通识教育的目标如何落地。

目标一：清晰而有效地思考和写作。

目标一需要什么样的能力呢？我拆解为这样几个能力——

第一，信息归纳能力；

第二，逻辑演绎能力；

第三，清晰表达能力。

目标二：对自然、社会和人文有批判性的了解。

什么叫批判性的了解呢？真正的批判性了解是通过自己头脑中合理的思考，去判断哪些人说话是有道理的，哪些人说话是没道理的，哪些知识是可信的，哪些知识是存疑的。

批判性思维需要哪几个关键性指标呢？

第一，自然、社会和人文知识；

第二，自然、社会和人文探究方法；

第三，批判性的思维能力。

目标三：了解塑造现在和未来的文化和力量。

该如何达到这个目标呢？

第一，需要有人类历史和文化的知识；

第二，有本地和其他地区的文化知识；

第三，有历史思辨能力。

历史思辨能力和前面所说的一些自然、社会的思辨能力还是有所不同的，因为自然和社会我们都可以通过实验去探究真正的规律，并且按照规律去办事，但是历史充满了偶然性，比如我们无法判断，如果唐太宗不发动玄武门事变，中国历史会怎么变化。这个事件的对错好坏,我们没有办法通过实验的方法去加以验证。

因此我们只能从多角度去看待历史,对于历史的判断,也没有一定正确的答案。但是我们可以去观察的是,任何一个历史人物、历史事件对于整个后世的影响;我们可以去分辨其中的脉络和因果关系。这种思辨能力对于我们理解当下的事件是非常非常重要的。我们可以通过当下事件和历史事件的对比,对当下和未来做出更好的判断。

目标四:了解并思考道德和伦理问题。

我们在一个新的时代,既要遵守当代最基本的道德伦理,又不能僵化地去背诵一些从古代传下来的道德伦理教条,而是需要批判地去思考,道德到底是从哪里来的,这样的伦理是否合理。

这就需要三个不同的能力——

第一,理解情感能力;

第二,理解情境能力;

第三,道德推理和思辨能力。

道德推理和思辨能力更主要的是能够从人的动机、行为出发去推测一件事情的是非曲直,能够去考察人的道德观念会带来怎样的社会结果,并且分析和对比不同的观点。

目标五：在某一知识领域有深入的研究。

最后一个教育目标更接近于我们今天所说的"学习好、成绩好、专业好，找一个好工作"。我们平时所有的教育几乎都强调这个目标，我们对于一个孩子好坏的评价往往集中于"数学好不好，英语溜不溜"。有时候我们甚至为了这个单一知识领域的目标，忽略了其他的目标。

我们可以将目标五拆分成学科专业知识和学科研究方法。一个人不仅要背下来化学元素周期表，更重要的是去了解当初人们是怎么推导出化学元素周期表的，是怎样发现化学元素周期这个现象的。只有掌握了这种探究方法，一个人才能在现有的知识基础上向前更进一步，去探索和创造新的知识。而探索和创造新的知识，对于未来的时代才是最重要的。

我们跟随哈佛通识教育体系梳理了通识教育的目标，以及其中的五个层面都能够分成哪些具体的能力去培养。这些能力到底能不能在家庭中加以培养呢？我的答案是当然能。只要我们有这个意识，就能够在家庭中对孩子培养这些能力。

如何让孩子具有信息归纳能力和逻辑演绎能力呢？我们可以在生活中选择一个他感兴趣的问题，跟他一起去读书，或者去查找资料，从很多很多的信息里面把我们想要得到的结论提取出来。

例如学校很可能会要求了解李白的人生，或者做一个跟李白有关的报告。像这样的开放性作业，父母就可以和孩子一起去提取有关的信息，并做出推理和演绎。比如我和女儿就曾经一起做过一个关于毕加索蓝色时期的小的演讲报告。在准备这个报告的过程当中，我和她一起上网搜索了有关毕加索蓝色时期的很多描述，并一起分析这些信息：蓝色时期对毕加索来说意味着什么呢？这个时期的作品到底是好的还是不好的？他为什么会这么做呢？我们到底可以从中提取哪些结论？我会和女儿一起去探讨、研究。

自然、社会和人文的知识以及思维能力又该如何培养呢？我们可以和孩子一起读书，一起去探讨。在我和女儿一起读了一些成语故事，以及诗人的人生故事之后，我和她探讨了一个问题："你觉得古代的诗人是靠什么为生的呢？他们是如何挣钱的呢？"在她了解到诗人在古代主要是靠做官为生后，我又问："那么他们做什么样的官呢？他们为什么想要做这样的官呢？"这一系列的问题和对于其背后历史知识的探究，就让我和我女儿有了一系列的对话。这些对话都可以锻炼她对这些事情的独立思考能力。理解情感能力、理解情境能力也一样。

如何增强孩子的思辨能力？我们可以让他对生活中一些矛盾、悲伤、愤怒的时刻，或者对动画片里一些激烈的、有意思的情节加以分析。在分析的过程当中，孩子能够增强真正的思维能力。他能够在很多有情感冲突的情境当中去理解他人，理解别人的情感，也理解自己的情感，从而对整个人世间拥有更深刻的理解。

最后，孩子如何更好地掌握知识领域的学习呢？最重要的就是知其然也知其所以然——就是不仅仅知道牛顿提出了万有引力定律，还能够了解牛顿是怎么提出的万有引力定律，他到底是如何推导出了万有引力定律……这些是我们需要陪他一起去寻找答案的。因为这些对孩子的思维、思考方法的提升是最大的。

在我成长的过程当中，最为受益的阶段就是去读了科学哲学，并由此发现认识论里面对于一个知识到底是怎么来的这件事情非常看重。后来我在自己的高中和大学，不管学什么学科，我都会去关注一下："他为什么得出这个观点呢？他是怎么得到这个发现的呢？这个知识是从哪儿来的？"如果说我的学习有一定境界的话，其实最主要就是得益于这样一种思考习惯。

童行书院的课程，就是按照这样的OKR——就是通识教育的目标，和它具体落地的一些指标去进行教研的。这些我觉得并不是童行书院课程所专有，它只是一种教育理念，是我们的教育思想和追寻的目标。

我们如果比较认同通识教育理念，其实在自己的家庭生活当中也可以有意识地贯彻它。**如果我们是思维比较审慎的人，我**

们在生活中就能够用思辨的精神去看待这个世界，那么我们和孩子的沟通对话就可以让他们也成为思维审慎的人，他们将来就能够成为明智思考、做出理智判断的人。我们真的希望通过通识教育理念的传播，让我们的下一代都能够成为更加明智的人、更加完整的人。

（全书完）

不焦虑父母俱乐部

作者_郝景芳

产品经理_来佳音　装帧设计_尚燕平　封面插画_Lost7　技术编辑_丁占旭
执行印制_梁拥军　策划人_曹俊然

果麦
www.guomai.cc

以 微 小 的 力 量 推 动 文 明

图书在版编目(CIP)数据

不焦虑父母俱乐部 / 郝景芳著. -- 杭州：浙江文艺出版社, 2022.11（2023.3 重印）

ISBN 978-7-5339-7003-1

Ⅰ.①不… Ⅱ.①郝… Ⅲ.①家庭教育 Ⅳ.①G782

中国版本图书馆CIP数据核字(2022)第196173号

不焦虑父母俱乐部
郝景芳 著

责任编辑　金荣良
产品经理　来佳音
装帧设计　尚燕平

出版发行　浙江文艺出版社
地　　址　杭州市体育场路347号　邮编 310006
经　　销　浙江省新华书店集团有限公司
　　　　　果麦文化传媒股份有限公司
印　　刷　河北鹏润印刷有限公司
开　　本　880毫米×1230毫米　1/32
字　　数　133千字
印　　张　6.75
印　　数　18,001—23,000
版　　次　2022年11月第1版
印　　次　2023年3月第2次印刷
书　　号　ISBN 978-7-5339-7003-1
定　　价　48.00元

版权所有　侵权必究
如发现印装质量问题，影响阅读，请联系 021-64386496 调换。